COMTE HENRY DE LA VAULX

SEIZE MILLE KILOMÈTRES

EN BALLON

PARIS

LIBRAIRIE HACHETTE ET CIE

79, BOULEVARD SAINT-GERMAIN

1903

COMTE HENRY DE LA VAULX

o o o

SEIZE MILLE KILOMÈTRES

EN BALLON

DE FRANCE EN POMÉRANIE — A L'ILE DE WALCHEREN — LA COUPE DES AÉRONAUTES — A LA RECHERCHE DES LÉONIDES — DE PARIS A EMDEN — PAR LA TEMPÊTE — A TRAVERS LES ALPES — CONCOURS D'ALTITUDE — DE FRANCE EN RUSSIE — MÉDITERRANÉEN I ET II

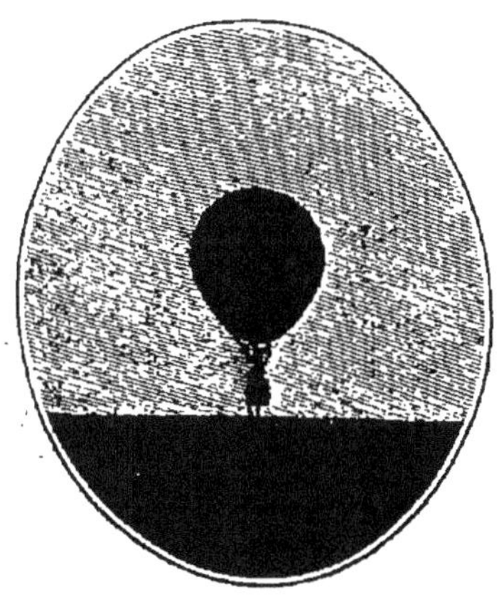

PARIS
LIBRAIRIE HACHETTE ET CIE
79, BOULEVARD SAINT-GERMAIN
1903

AVANT-PROPOS

A mes Lecteurs.

Ce livre n'a aucune prétention littéraire ni scientifique. C'est un simple recueil de notes jetées sur des feuilles de papier, au hasard de mes courses à travers l'atmosphère.

Nombreuses y seront les digressions sur les beautés enchanteresses des sites aériens; nombreuses aussi y seront les incorrections de style. J'aurais pu remanier mes phrases, chercher à les ciseler et à leur donner ce fini si brillant dans lequel s'exhale la puissance de notre langue.

Y serai-je parvenu?... j'en doute.

Et puis aurais-je pu faire revivre, assis à un bureau, dans le décor prosaïque d'un cabinet de travail, tous les phénomènes étranges, toutes les joies inoubliables, toutes les angoisses captivantes où mon être entier fut plongé pendant mes trop rapides envolées au milieu des mondes célestes?

Les notes que vous allez parcourir, amis lecteurs, ont été écrites sous l'impression des merveilleux spectacles qui s'offraient spontanément à ma vue. Les phrases sont de temps à autre hachées, comme entrecoupées par l'émotion, mais elles reproduisent fidèlement le tableau des sensations qui m'assaillaient dans ces minutes inoubliables.

Souvent mon âme est plongée dans une joie profonde devant la pénétration des mystères qui s'entr'ouvrent à elle. Quelquefois un léger sentiment de colère railleuse perce à travers mon récit;... j'étais dans un de mes jours noirs. Mais ce qui domine toujours dans ce livre, c'est une admiration profonde pour les beautés grandioses et incomparables de l'Océan atmosphérique; c'est aussi une reconnaissance qui demeurera éternelle, quoi qu'il arrive, quoi que les découvertes humaines nous apportent, pour le ballon sphérique, si simple, si facile, véritable initiateur de tous aux charmes des paysages célestes.

Que le ballon automobile triomphe demain,
vainqueur des forces de la nature, maître incon-
testé des routes aériennes, qu'après lui l'aéroplane
encore plus puissant subjugue à son tour les vents
à sa suite, jamais ils ne pourront faire oublier les
bienfaits du bon vieux ballon libre ; jamais non
plus ces appareils scientifiques de locomotion, tout
à la gloire des audacieux qui les auront découverts
et conduits à la victoire, ne pourront donner à leurs
passagers, les sensations exquises du ballon né
dans le cerveau génial des frères Montgolfier.

Combien splendide dans sa simplicité est cet
appareil qui, par certains côtés, nous fait supérieurs à l'oiseau.

Une enveloppe de coton pleine de gaz et un
panier d'osier, tel est le ballon. Et ce ballon doucement, sans le moindre heurt, emporte des êtres
humains à travers la nue : il leur fait parcourir des
distances infranchissables avec les modes terrestres
de locomotion ; il leur fait traverser des contrées
et des pays tout entiers. Les forêts, les lacs, les
montagnes, les villages et les villes défilent, comme
dans un immense kaléidoscope, sous les yeux de

l'aéronaute; aucun souffle de vent, aucune poussière ne vient l'incommoder.

Les obstacles naturels, les fleuves et les rivières, et les obstacles artificiels inventés par des générations retardataires, les frontières, n'existent pas pour les hôtes des ballons.

L'atmosphère a ses voies largement ouvertes et elle accueille sans distinction tous ceux qui s'y présentent. Elle laisse entrevoir dès maintenant aux peuples terriens les lois auxquelles ils devront se soumettre par l'évolution fatale des choses lorsque la conquête lente et méthodique du ciel sera devenu un fait accompli.

Le socialisme, je ne parle pas de celui dont on se sert malheureusement pour toutes sortes de trafics politiques honteux, mais le socialisme dans tout ce qu'il a de beau et de noble, c'est-à-dire l'union de tous les hommes dans un même langage et dans une même pensée de concorde et de fraternité sera la conséquence du progrès des sciences aériennes.

L'on peut dire que le ballon libre a permis de penser à la solution de ce magnifique problème humanitaire.

Donc, gloire et respect perpétuellement au vieil aérostat sphérique. Ses descendants plus jeunes et plus vigoureux, les ballons dirigeables, les hélicoptères, les aéroplanes se souviendront toujours de l'ancêtre qui leur a si glorieusement jalonné la route.

Et plus tard, quand on voudra revivre l'une de ces heures de repos et de bien-être indéfinissable au milieu du calme de l'atmosphère, on se confiera encore avec émotion à l'un de ces antiques ballons.

C'est ce charme des voyages aériens à bord d'un aérostat libre que j'ai voulu décrire dans cet ouvrage. Puissé-je y avoir réussi et vous avoir communiqué mon amour pour la cause aéronautique.

C'est beaucoup de présomption de ma part... mais enfin, quand on sent vraiment quelque chose, est-il besoin d'être orateur ou écrivain pour faire partager sa conviction ?

SEIZE MILLE KILOMÈTRES
EN BALLON

I

DE FRANCE EN POMÉRANIE

Comment on reconnaît la Belgique en ballon. De Paris à Retzow. Aux bouches de l'enfer. Un spectacle impressionnant. Au-dessus du feu. Les vaches hollandaises. Hambourg et l'Elbe. L'atterrissage. Un hôtel en Poméranie.

Le 22 octobre 1898, Maurice Mallet et moi nous procédions à l'aérodrome de la rue Spontini au gonflement du *Volga*, un ballon de 1000 mètres cubes dans lequel nous avions pleine confiance. C'était avec lui que deux mois auparavant je recevais le baptême de l'air; une deuxième fois il m'emportait en quelques heures à travers le Grand-Duché de Luxembourg. Aujourd'hui j'allais accomplir mon troisième voyage aérien et je voulais aller très loin. Mallet m'accompagnait et avec un tel professeur mon désir avait quelque chance de se réaliser. Après avoir rangé à bord nos provisions, nos appareils enregistreurs, boussoles, thermomètres, etc., nous nous occupâmes du lestage de notre ballon.

Quand tout fut prêt, Mallet jeta un dernier coup d'œil sur la nacelle et les agrès, puis il me dit :

« Je crois que c'est le moment. »

Nous nous embarquâmes et bientôt le *Volga* s'enlevait dans les airs salué par les acclamations de quelques amis venus là en curieux assister à notre départ.

Tout d'abord, le vent, par un de ces caprices dont il est coutumier, nous poussa violemment vers le Nord, puis se ravisant sans doute, il nous ramena vers l'Est.

. . . .

Nous passons au-dessus de Saint-Denis dont les fumées d'usine s'échappent en noirs flocons et nous fuyons vers la campagne. Des prés verts, des bois touffus glissent au-dessous de nous. Je m'attache, la carte en main, à détailler la route que nous parcourons.

Mais nous montons doucement ; bientôt à nos pieds le panorama s'obscurcit et s'entoure d'une couche bleuâtre..., la nuit arrive.

Les lanternes s'allument sur les routes, les lumières rougissent les fenêtres des maisons et, dans le lointain, une clarté soudaine s'élève au-dessus de Paris.

Au ciel roulent quelques nuages gris qui peu à peu se dissipent et la lune, cette aimable compagne des aéronautes, fait son apparition. Timide d'abord, elle sort tout à coup de son lit de brume et nous couvre de sa pâle lumière.

Nous marchons à une allure rapide. Pour faire de la place dans la nacelle nous déroulons le guide-rope au dehors et nous nous laissons entraîner vers l'inconnu.

De temps à autre, quand nous passons au-dessus d'une ville, nous percevons assez distinctement le roulement des voitures et le bruit saccadé des sabots des chevaux sur le pavé. Soudain un grondement sourd, un ronflement puissant qu'accompagnent des coups de sifflet stridents traverse la nuit : nous sommes au-dessus de la ligne de l'Est. Je suis alors des yeux les trains qui se croisent au milieu de l'étincellement électrique des gares et des lueurs mourantes des disques.

Puis, c'est, dans le lointain, un murmure confus... qui s'éteint bientôt.

Nous voguons maintenant au-dessus de plaines immenses, silencieuses, que coupe subitement l'éclair rapide d'un cours d'eau ou le reflet d'un toit d'ardoise argenté par la lune.

Nous sommes équilibrés à environ deux cents mètres du sol.

Lentement, un carillon sonore monte dans l'air égrenant dix notes de cristal.

« Dix heures ! où pouvons-nous bien être? demande Mallet ».

Je m'apprête à consulter ma carte quand des cris parviennent jusqu'à nous.

Nous nous penchons hors de la nacelle et voyons au clair de lune des bouquets de têtes humaines levées vers nous.

« Un bâllon, ça est un bâllon » crie cette foule avec cet accent traînard particulier aux Flamands.

Me faisant un porte-voix de mes mains, je crie :

« Où sommes-nous ?

— En Belgique, vous êtes en Belgique, savez-vous...

— Mais où, en Belgique?

— A Chimay, dans le Hainaut.

— Merci et au revoir. »

Et pendant que nous nous éloignons, nous entendons encore les bons Belges qui crient : « un bâllon, ça est un bâllon ».

Bientôt, les dernières maisons de Chimay ont disparu et nous nous enfonçons dans des nuages épais qui, fort heureusement, ne sont pas trop chargés d'humidité, de sorte que la condensation de notre gaz est relativement faible. En jetant un peu de lest nous parvenons à nous « rééquilibrer » entre 500 et 600 mètres.

La lune se noie dans un épais rideau de brouillard ; nous espérons la voir reparaître, mais elle demeure invisible.

Nous marchons dans l'obscurité depuis quelques instants, quand tout à coup Mallet qui consulte sa boussole à la lueur d'une lampe électrique s'écrie :

« Ah ! mais non, par exemple !

— Qu'y a-t-il ?

— Il y a tout simplement que, si ça continue, nous allons directement vers la mer. »

En effet, les courants nous entraînent au Nord. Nous nous hâtons de nous « rééquilibrer » dans les courants supérieurs. Nous y parvenons assez vite et continuons notre route vers l'Est.

Le ciel est maintenant très clair, les nuages inférieurs se sont dissipés. Nous revoyons la terre, en passant au-dessus de Dinant.

La Meuse, tel un immense serpent aux écailles luisantes, se déroule en replis tortueux, glissant entre des roches escarpées et taillées en terrasse. Voici le château de Walsen, l'abbaye de Waulsord..., plus loin, c'est la grotte de Freyr, le rocher Bayard, puis la vieille cathédrale gothique de Dinant avec son jubé et son baptistère.

Le spectacle est imposant de cette ville endormie qui, vue d'en haut dans une demi-clarté, rappelle ces tableaux du moyen âge aux tons violents et sombres.

Puis les plaines succèdent aux plaines et le ballon bien équilibré avance toujours vers l'Est.

Soudain, je pousse un cri d'étonnement et indiquant à Mallet une lueur immense qui semble nous barrer la route...

« Regardez..., regardez... C'est un incendie. »

Mallet regarde :

« Ma foi, on le dirait... Tenez, voilà des flammes qui montent en l'air... Oh ! mais, ça s'étend... voyez donc à droite...

— Je crois, dis-je, qu'il serait prudent de monter, si nous ne voulons pas être rôtis comme des alouettes. »

Nous jetons du lest et montons de quelques centaines de mètres.

Au fur et à mesure que nous avançons, l'incendie grandit, redouble de violence. Au loin, des trombes rouges se tordent et s'enlacent, se couchent et se redressent.

Curieux de savoir quelle est la ville qui brûle ainsi, je consulte ma carte... Nous sommes presque au-dessus de Liège...

Mais en approchant, une chose nous étonne. Les flammes que nous avons aperçues et qui de loin semblaient se fondre et ne former qu'un seul brasier, sont maintenant espacées les unes des autres. Le ciel est toujours aussi rouge, mais ces lames de feu qui nous paraissaient raser la terre, sortent de hautes cheminées en briques. Ce sont les fonderies de Liège.

Bientôt nous sommes au-dessus des hauts-fourneaux... Là, un spectacle unique, inoubliable, terrifiant s'offre à nos yeux. Et penchés sur l'abîme nous regardons curieusement...

Un bruit infernal remplit l'espace; on se croirait dans ces fournaises de l'Etna où Vulcain travaillait avec ses Cyclopes ou bien encore dans ces bouches affreuses de l'Enfer que le Dante a si merveilleusement décrites.

Les marteaux frappent les enclumes, s'abattent et se relèvent sans trêve et à la lueur des foyers brûlants nous apercevons des hommes rouges qui vont, viennent, gesticulent, démons embrasés qui semblent secouer les flammes qui les rongent.

On dirait que le sol s'enflamme sous la morsure du feu et fond avec lui tout ce qui l'entoure.

Et comme pour donner plus d'horreur encore à cette terrifiante vision, des chants montent de la fournaise...

Ces hommes torturés par le feu trouvent encore la force de chanter et au milieu des flammes leurs voix s'élèvent lugubres, tristes et lentes.

Nous fuyons heureusement ces régions désolées et le vent nous emporte vers le nord-est, dans les champs de la Hollande.

Quel contraste !

Le jour se lève et il me semble que je sors d'un affreux cauchemar, que je me suis assoupi un instant et que j'ai fait un rêve horrible.

Je repose mes yeux que brûle encore le feu de l'enfer liégeois sur les herbages si fertiles et si frais des plaines néerlandaises ; des vaches y broutent paisiblement et sont couvertes du traditionnel manteau de toile qui les protège contre les piqûres des taons et des moustiques.

Ces ruminants sont évidemment mieux traités que les pauvres ouvriers des usines de Liège !

Nous laissons à gauche la ville de Hambourg et nous franchissons l'Elbe que sillonnent de bruyants remorqueurs et de lourds chalands.

Le soleil commence à chauffer ; notre gaz se dilate et nous montons progressivement à 1500 mètres de hauteur. Vers 8 heures du matin, le soleil se cache ; nous nous abaissons de 600 mètres et nous nous y maintenons en équilibre.

A 10 heures, le soleil reparaît ; nous atteignons l'altitude de 2625 mètres et nous voguons doucement au-dessus de jolis nuages blancs.

Enfin, après plusieurs oscillations entre 1800 et 2000 mètres nous sommes entraînés dans une descente rapide au-dessus d'une forêt de sapins. Nous ralentissons notre chute en jetant du lest.

De tous côtés nous voyons courir des cerfs, des chevreuils et des renards que notre vue remplit d'épouvante et qui s'enfuient dans les broussailles.

Nous bondissons sur les sapins ; la nacelle gémit, les cordages craquent.

« Cachez-vous bien dans le fond de la nacelle, me dit Mallet. »

Nous débouchons aussitôt sur une plaine où la descente s'effectue dans les meilleures conditions.

Il est une heure de l'après-midi.

Des paysans accourent et je leur demande où nous nous trouvons.

J'apprends que nous sommes tombés à 500 mètres de Retzow.

Nous sommes à la frontière nord de la Poméranie et du Grand-Duché de Mecklembourg.

Nous replions notre matériel avec l'aide des paysans allemands : ils manœuvrent militairement comme une véritable compagnie d'aérostiers.

Un charriot indigène transporte le *Volga* jusqu'à Retzow, où, grâce à une mimique endiablée, nous parvenons à nous faire indiquer l'hôtel.

Là encore, nous devons nous exercer au langage des sourds-muets, mais sans grand succès. Aussi la commande de notre dîner, d'une chambre, d'une voiture pour le lendemain, l'indication des heures des trains auraient pu être bien compromises, si l'instituteur du village n'avait eu l'heureuse inspiration de venir nous rendre visite avec un dictionnaire franco-allemand.

Alors s'engage entre l'instituteur et moi une conversation, style petit nègre, de laquelle Mallet s'amuse follement.

Mes efforts sont enfin récompensés et tout ce que nous désirons va être mis à notre disposition.

En signe de remerciement, j'invite le brave instituteur à dîner; il accepte et nous soutenons pendant tout le repas, à l'aide du dictionnaire providentiel, un dialogue des plus pétillants.

Puis on nous mène dormir; on nous fait grimper tout en haut par un escalier abrupt jusqu'à une pièce sans plafond où l'on aperçoit de temps à autre un coin de ciel étoilé à travers l'interstice de deux tuiles. Dans un coin sont deux lits bizarres. Deux matelas sont placés l'un sur l'autre recouverts chacun d'une housse blanche : c'est tout.

Enfin, il faut nous en contenter et nous nous couchons très gaiement.

Au milieu de la nuit, je me réveille gelé; je baigne dans une véritable mare. Le premier moment de stupeur passé, je comprends... C'est très simple; il pleut dehors et toute l'eau filtre à travers les tuiles disjointes. Nous recevons la douche complète; Mallet rit aux éclats, il a vraiment bon caractère.

Et puis, après tout, que faire d'autre? la gaieté nous séchera peut-être un peu. Nous attendons tant bien que mal le petit jour et nous prenons le chemin de la gare.

Deux heures après, confortablement installés dans un bon compartiment allemand de 1re classe, nous rions encore de nos aventures nocturnes.

Nous avons fait un magnifique voyage aérien : c'est le principal.

II

A L'ILE DE WALCHEREN EN HOLLANDE

Les effets du printemps. Un goûter dans une usine à gaz.
L'automobile et l'aérostation. Les feux d'artifice et la pluie.
Vers la mer. Le chant du canard et la mer du Nord. Dans
l'île de Walcheren. Un tableau qui étonnerait Van Dyck.
L'hôtelier pratique. Une visite à monsieur le bourgmestre.

LES beaux jours sont revenus ; la terre s'éveille et
reverdit ; la tiédeur parfumée de la brise nous
caresse et nous enivre : il nous vient des désirs
vagues de bonheurs infinis, des envies de courir,
d'aller au hasard, de chercher aventure, de boire
du printemps.

Les gens que l'on rencontre sourient ; un souffle
de joie flotte partout dans la lumière chaude du
soleil.

Paris a changé d'aspect ; il est heureux, il est gai
comme les arbres dont les bourgeons commencent
à éclore sous l'active poussée de la sève.

Les femmes semblent plus jolies ; on dirait que
leur charme est fait d'une grâce nouvelle et capti-
vante qui les rend encore plus adorables.

Je descendais l'avenue des Champs-Élysées subissant, moi aussi, le charme de ce renouveau si souvent chanté par les poètes et je sentais s'éveiller en moi un impérieux besoin d'activité, un désir irrésistible de fêter le printemps par une promenade à travers les airs.

Je courus à une cabine téléphonique et demandai à Mallet de gonfler aussitôt le *Volga*.

« Il est trop tard aujourd'hui, me répondit-il ; tout le matériel est chez moi et je n'ai plus le temps de le faire transporter à l'usine à gaz du Landy.

— Et demain ?

— Demain; si vous le désirez, nous pourrons gonfler.

— Eh bien ! entendu ; je serai à 5 heures à l'usine à gaz... »

Et voici comment le 14 mai 1899 je me trouvai à 5 heures du soir dans la plaine Saint-Denis devant le *Volga* que grossissait de minute en minute le souffle léger de l'hydrogène. Beaucoup de mes amis de l'Aéro-club avaient profité du temps idéal, un peu lourd et chaud toutefois, pour venir en nombre assister à mon départ.

Bientôt la sévère usine à gaz du Landy présentait un aspect des plus agréables en même temps que des plus originaux. Il y avait là, pour un peintre impressionniste, amoureux des contrastes, un joli sujet d'étude.

Sur les pelouses d'un vert foncé avoisinant les sombres gazomètres, se pressait une foule élégante, joyeuse ; et des toilettes claires mettaient de ci, de là, sur le tableau des taches roses, mauves, bleues et rouges. On eût dit que du sol étaient soudain sorties des fleurs et quelles fleurs ! les plus gracieuses et les plus aimées.

Et tout ce monde riait, s'interpellait dans un débordement de gaîté. Mais tout à coup, le bruit des voix est couvert par des sons stridents de trompes, des ronflements sourds et comme une volée de gros oiseaux rapides, une avalanche d'automobiles enrubannées arrive en glissant sur la pelouse au milieu des acclamations et des vivats.

C'est le comte de La Valette, le sympathique Vice-Président de l'Aéro-club qui a eu l'heureuse idée et la délicate attention d'amener à mon départ un essaim de jeunes et jolies chauffeuses américaines, heureuses et impatientes d'assister à une véritable ascension.

De La Valette a bien fait les choses et, comme il pense à tout, il a apporté dans les caisses de ses voitures quelques bouteilles de champagne et des gâteaux.

Ce fut alors sur le gazon un goûter tout à fait exquis.

A quelques mètres des « autos », le *Volga* se

balance déjà sur son cercle et s'incline en longues et gracieuses révérences. Il semble saluer l'automobilisme et le remercier de la sympathie et des encouragements qu'il n'a cessé de témoigner à l'aérostation, cette sœur cadette, qui s'est si vite émancipée au grand étonnement de tous.

Je ne pouvais être en reste d'amabilité. La Valette avait offert le goûter; j'offris les divertissements. J'avais justement dans un petit hangar voisin des ballonnets de 50 mètres cubes. Mallet les gonfle, les leste et voici les petites sphères qui s'élèvent dans les airs nous indiquant la route que nous allons suivre bientôt.

Les jeunes Américaines sont ravies; elles battent des mains et ne peuvent résister au désir de monter dans la nacelle du *Volga*. Et avec une agilité que je leur envie les voilà qui sautent dans le panier d'osier, nous laissant entrevoir de suggestifs et soyeux dessous.

Le ballon est gonflé; nous montons Mallet, et moi, à bord de la nacelle. Des cris s'élèvent; nous serrons des mains et à 7 h. 28 minutes du soir nous quittons la terre sous les regards de nos amis qui applaudissent à notre départ. Nous entendons les moteurs se mettre en marche et nous voyons bientôt les automobiles filer vers Paris dans un nuage de poussière.

A l'horizon les feux commencent à s'allumer..., la nuit descend lentement. Voici Gonesse, puis bientôt nous planons au-dessus de la forêt de Chantilly ; à notre droite fuit Senlis et nous ne tardons pas à traverser Creil. Nous nous maintenons à une altitude de 5 à 600 mètres et cela serait parfait, mais au-dessus de nos têtes des nuages de mauvais augure ont fait leur apparition.

De tous côtés, à nos pieds, ce sont des fêtes foraines dont nous percevons les bruits divers coupés par intervalles de sons criards et de coups de carabine. Les orgues de barbarie égrènent au vent leurs airs nasillards et trop rapides ; les cornets à piston et les tambours rivalisent avec les clarinettes de zèle et de souffle et dans un tournoiement féerique nous devinons les manèges de chevaux de bois et de bicyclettes, les balançoires et les montagnes russes. De temps à autre une ligne de feu zèbre la nue pour tout aussitôt retomber en une pluie scintillante aux couleurs variées et dans un coin du paysage une lueur s'élève rouge ou verte qui bientôt s'atténue et meurt pour reparaître plus loin au grand ébahissement des populations dont nous entendons les applaudissements et les hourrahs. Les feux d'artifice battent leur plein, la fête resplendit sous les feux de bengale et les chandelles romaines. Ces terriens eux aussi fêtent le printemps, avec un entrain débordant et une franche gaîté...

Comme nous nous sommes rapprochés du sol nous sommes à chaque minute interpellés.

« Eh ! le ballon ! ta lanterne !

— Gare aux contraventions ! »

Ce sont des cyclistes qui pédalent sur la grande route grise à la seule lueur de leurs lampions multicolores. Puis c'est le silence, le grand silence des plaines que trouble quelquefois le cri d'un oiseau ou le « pchutt, pchutt » d'une automobile. Nous sommes assez près de terre pour pouvoir suivre notre marche, village par village, hameau par hameau.

L'horloge d'une église martèle péniblement neuf coups.

« Neuf heures, me dit Mallet...

— Où sommes-nous ?

— Demandons-le à ces paysans qui passent là-bas... »

Et mettant nos mains en porte-voix :

« Eh ! sur quelle ville sommes-nous ? »

Les paysans qui nous observent curieusement accourent et s'écrient !

« Vous êtes à Saint-Just-en-Chaussée...

— Merci ! »

Et nous fuyons comme lancés à la poursuite d'un but invisible qu'il nous tarde d'atteindre.

Mais le ciel s'obscurcit, des nuages nous suivent ;

ils ont pris une teinte inquiétante ; on les voit s'amonceler à vue d'œil comme s'ils se **groupaient** pour fondre sur notre malheureux **ballon**. Soudain quelques coups secs, espacés d'abord, puis de plus en plus fréquents, frappent le sommet du *Volga*. Bientôt c'est un véritable roulement de tambour. La pluie, une pluie torrentielle s'est abattue sur l'aérostat...

Nous jetons notre lest à pleins sacs pour nous élever au-dessus de cette zone diluvienne ; nous pénétrons au sein des nuages et naviguons alors dans une impénétrable obscurité au milieu d'un brouillard âcre qui nous prend à la gorge.

Quelquefois la condensation rapide de notre gaz nous rejette sous la pluie et chaque fois, ce sont de nouvelles et onéreuses dépenses de lest pour nous « rééquilibrer ».

Enfin, à minuit, l'eau cesse de tomber ; nous passons successivement au-dessus des grandes villes du département du Nord ; Arras, Douai, Lille nous apparaissent reliées de l'une à l'autre par un cordon de bourgs et de villages merveilleusement éclairés.

Quand nous franchissons la frontière il est à peine une heure du matin et déjà, à l'horizon, se dessine une lueur grisâtre. Nous commençons même à voir la terre ; nous sommes à 300 mètres d'altitude.

Le temps paraît se remettre complètement au beau. C'est fort heureux pour nous car de nouvelles averses nous eussent infailliblement jetés à terre. Nous n'avons plus qu'un sac et demi de lest, soit une trentaine de kilog.

Le jour paraît.

Un paysan matinal que nous questionnons nous renseigne en patois flamand sur la direction que nous suivons.

« Vous allez sur Gand.., la mer n'est pas loin..., vous la trouverez à 25 kilomètres à peine. »

Nous consultons nos cartes et reconnaissons facilement l'endroit où nous passons. L'indication du paysan n'est pas tout à fait exacte ; nous nous dirigeons en réalité vers les plaines qui s'étendent de Gand à Bruges et nous obliquons beaucoup du côté de cette dernière ville...

« C'est le moment d'ouvrir l'œil, dis-je à Mallet, car nous sommes encore plus près de la mer que nous ne le pensions. »

Trois heures du matin. —La lumière inonde déjà les prairies hollandaises au milieu desquelles, sous la fraîcheur matutinale, paissent frileusement les vaches et les génisses. La grande quantité d'eau que nous avons emmagasinée pendant la nuit et qui alourdit le *Volga* s'évapore doucement, délestant le ballon qui s'élève à travers les nuages. La terre disparaît à nos yeux et nous sommes assez inquiets de ne plus rien voir.

« Je crois, me dit Mallet, que notre direction est dangereuse. La boussole marque toujours le nord, nord-est... nous filons vers la mer.

— Cependant nous n'avons encore aperçu aucun phare. »

Au-dessous de nous c'est maintenant un clapotis, un bruit d'eau imperceptible, auquel se mêlent des cris d'oiseaux aquatiques..., des coin ! coin ! de canards.

« Nous devons être au-dessus de marais », me fait remarquer Mallet; « il ne ferait pas bon tomber là-dedans. »

Mais notre incertitude est de courte durée. Les quelques instants que le *Volga* vient de passer dans les nuages ont suffi à condenser le gaz et nous redescendons. Le voile qui nous cachait la terre s'entr'ouvre ; au-dessous de nous et devant nous des eaux s'étendent à perte de vue.

Le marais sur lequel nous croyions planer, c'est la mer du Nord !

Nous nous regardons légèrement émotionnés ; nous n'avons plus que 20 kilos de lest environ. Sous la « sucée » du soleil nous allons faire un bond formidable vers les hautes altitudes puis nous serons rejetés comme un paquet inerte au milieu des flots,

« Il faut descendre immédiatement, dis-je à Mallet, et tâcher de nous faire recueillir par un des nombreux voiliers qui croisent au-dessous de nous.

— C'est aussi mon avis… »

Nous sommes à 200 mètres à peine de la surface de la mer. Le vent est faible, c'est le moment d'essayer la descente. Car qui sait si plus tard nous rencontrerions encore des navires ! Nous préparons la manœuvre et je dois avouer que, dans cette circonstance cependant assez critique, nous nous sentons très tranquilles et sommes même assez contents de cet incident, quand des côtes se profilent dans le lointain et le vent nous entraîne vers elles.

« Attendons encore un peu pour descendre me dit Mallet ; peut-être pourrons-nous aborder sur ces terres vers lesquelles nous paraissons emportés.

— Soit, attendons… »

Et accoudés tous deux sur les rebords de la nacelle, nous repaissons nos yeux d'un spectacle merveilleux et plein de grandeur. Il nous semble que nous sommes installés sur la dunette d'un paquebot gigantesque d'où nous découvrons l'imposante majesté de l'abîme…

Nous nous maintenons à 200 mètres au-dessus des flots.

De tous les points de l'horizon, des barques, des goélettes, des bricks, de petits vapeurs convergent vers le *Volga*. Et de toutes ces embarcations partent des cris d'étonnement et d'admiration...

Un nom souvent répété frappe nos oreilles...

« Andrée ! Andrée ! »

Ces populations du Nord nous prennent pour le malheureux aéronaute qu'ils ne peuvent croire perdu et chaque fois qu'un aérostat plane au-dessus de la mer — ce qui est rare — ceux qui l'aperçoivent croient que c'est Andrée qui revient.

Quand mon ami de Castillon pénétra en Suède, venant de la Baltique, ce fut par ces mêmes cris d'espoir qu'on l'accueillit.

Mais les côtes se dessinent plus nettement ; de gros vapeurs roulent sur les flots et dans le fond d'une baie nous apercevons une forêt de mâts et de cheminées...

Nous avançons... et nous sommes dans un grand port entouré de docks immenses et sur les quais duquel, malgré l'heure matinale, des centaines d'ouvriers sont occupés à décharger des bateaux...

Arrivés au-dessus de cette ruche humaine, nous crions très haut.

« Où sommes-nous ?

— Flessingue, nous répond-on de toutes parts...»

Ainsi nous venons de pénétrer dans l'île de Walcheren...

Nous voguons bientôt au-dessus de riches pâturages, puis devant nous se dresse au milieu d'un amas de maisons, d'usines et de chantiers, une belle église gothique, escortée de tours et de monuments d'un autre âge...

C'est Middlebourg, la capitale de l'île.

Mais Walcheren n'est pas très étendu ; de l'autre côté, c'est la mer et cette fois la mer libre qui s'étend à perte de vue jusqu'aux régions polaires.

Nous franchissons Middlebourg encore endormie et nous retrouvons de merveilleux pâturages entourés de haies vives et d'arbustes verdoyants.

L'endroit paraît propice pour atterrir.

« Descendons-nous, dis-je à Mallet ?

— Allons-y ».

Un bon coup de soupape met le ballon en descente, la nacelle touche terre, Mallet jette l'ancre pendant que je continue à tirer sur la corde de soupape.

Le *Volga* se couche à terre et se dégonfle rapidement...

De tous côtés surgissent alors des têtes effarées qui à chaque sursaut de l'aérostat disparaissent derrière les haies pour se remontrer timidement quelques instants après.

Quand le ballon a diminué de volume et qu'il n'est plus qu'une masse d'étoffe flasque jonchant la terre, les curieux enhardis enjambent les haies et bientôt un groupe de paysans nous entoure faisant force gestes et s'exprimant en un idiome guttural qui n'a rien d'harmonieux.

Les hommes, comme nos Bretons, portent de longs cheveux qui leur couvrent les oreilles et leur tombent droit sur le col ; des vestes courtes ornées de gros boutons de métal leur serrent la poitrine et descendent jusqu'aux reins ; ils sont coiffés de bonnets étranges en étoffe de couleur.

Quant aux femmes, je me plais à reconnaître qu'elles sont fort proprettes et très accortes. Leurs figures fraîches s'encadrent à ravir dans de grandes collerettes blanches empesées qui retombent en plastron sur la poitrine ; de leurs manches collantes épinglées au-dessous des épaules émergent des bras nus potelés et frais. Leurs jupes courtes laissent apercevoir des bas à jour et leurs pieds sont chaussés de coquets sabots ornés de motifs en métal et percés de petits trous en trèfle.

De leurs bonnets de tulle blanc sortent des ornements de cuivre et d'argent pareils à des antennes de sorte que ces villageoises ressemblent un peu aux libellules de nos étangs.

Ce spectacle nouveau pour moi fixe quelque temps mon attention et tous ces gens qui m'entourent vont et se meuvent dans un décor sobre et frais me semblent échappés d'un tableau du vieux maître Van Dyck.

Et je bénis maintenant ces nuées providentielles qui en nous cachant momentanément la terre nous ont poussés vers cette île où les mœurs se sont immuablement fixées.

Mais ces gens en conservant pieusement les traditions des siècles défunts en ont aussi gardé le langage et avec la meilleure volonté du monde il nous est impossible de nous faire comprendre, même par gestes...

Ainsi la pantomime, cet art qui se perd dans la nuit des temps et dont nous avons déjà si avantageusement profité en Allemagne, est inconnue de ces Hollandais.

Notre embarras est grand quand un homme vêtu à la mode d'aujourd'hui s'avance vers moi et me demande avec un accent belge très prononcé s'il peut m'être utile à quelque chose.

Sur ma réponse affirmative il se met gracieusement à ma disposition pour faire exécuter aux personnages de Van Dyck les manœuvres de reploiement du ballon...

Voilà un sujet d'étude que je recommande aux concurrents du Prix de Rome : *Hollandais du moyen âge occupés au travail de reploiement d'un ballon.*

Gageons qu'il se trouverait des critiques pour traiter cette toile de fantaisiste !

Bientôt le *Volga* n'est plus qu'un paquet informe

que l'on charge sur une charrette et quelques instants après nous faisons une entrée triomphale dans
le village de Serooskerke.

Je dis alors à mon interprète belge :

« Tenez, mon brave, voici vingt francs, changez-
les et distribuez-en la monnaie aux hommes qui
nous ont aidés. » Mais l'interprète me répond :

« Non, non, il ne faut pas leur donner d'argent ;
offrez-leur un verre à l'auberge, ils seront bien plus
contents.

— Vous croyez ?

— J'en suis sûr ; j'habite depuis longtemps le
pays...

— C'est bien... ; où y a-t-il une auberge ?

— Là, au bout de la rue, sur la place ; c'est la
meilleure du village et vous pourrez aussi y déjeuner.

— Allons-y en ce cas et dites à ces braves gens
de nous suivre. »

Mon guide se tourne vers les paysans et leur dit
en leur idiome : « Venez, monsieur l'aéronaute
vous régale ».

Nous arrivons à l'auberge qui est fort bien tenue
en effet et je demande à mon belge d'appeler le
patron...

« C'est moi, Monsieur », me dit-il, en ôtant sa cas-
quette et en esquissant le plus gracieux sourire.

Je compris alors pourquoi il aimait mieux que

j'offrisse à boire aux paysans au lieu de leur donner de l'argent.

« Que faut-il leur servir, me demande l'aubergiste-interprète.

— Ce qu'ils voudront.

— Du cognac ?

— Oui, du cognac, s'ils en veulent.

— Ne voulez-vous pas aussi leur offrir un cigare ?

— Entendu, donnez-leur un cigare… »

Quelques instants après l'hôtelier revenait vers moi.

« Monsieur, ils ont fini leur cognac et ils n'ont pas encore achevé leur cigare…

— Eh bien, donnez-leur un autre cognac. »

Peu après nouvelle intervention de l'aubergiste…

« Monsieur, ils n'ont plus de cigares.

— Eh bien, faites une nouvelle distribution. »

Mais cet hôtelier est commerçant en diable ; il revient encore à la charge.

« Je crois, me dit-il, qu'ils ont encore soif… »

Cela menace de tourner à la scie ; je rembarre vertement ce gargotier par trop sans gêne.

« En voilà assez, lui dis-je, laissez-moi tranquille ».

Il juge inutile d'insister et comme par enchantement tous les paysans cessent d'avoir soif. Ils sortent avec moi de l'auberge très guillerets et m'accompagnent chez le bourgmestre, M. Maas, un gros homme rubicond qui ressemble un peu à ces bons bourgeois hollandais dont nous parle Hoffmann. Il ajuste de grosses lunettes à verres ronds, tire de son gousset une grosse montre de métal, prend une plume d'oie à son oreille et légalise mon procès-verbal d'atterrissage sur sa commune.

Puis Mallet et moi nous déjeunons après avoir eu soin de photographier un groupe de villageoises entourant M. le Maire.

Dans l'après-midi mon guide-aubergiste nous reconduisait à Flessingue d'où un vapeur nous emmenait à la côte hollandaise.

A notre retour à Paris nous apprenions que les ballonnets que nous avions lancés à notre départ et qui avaient tant diverti les gracieuses Américaines, étaient tombés dans le département de la Somme d'où leur atterrissage avait été signalé à l'Aéro-club.

III

LA COUPE DES AÉRONAUTES

Le concours des Tuileries. Pour les pauvres. La flottille des nacelles fleuries. Les débuts du Centaure. A la poursuite de la Coupe challenge de la distance. Le laitier et sa trompette. Attention, voilà l'océan! La luzerne du sénateur Leroux. Le bon hôtelier vendéen.

PARIS qui n'oublie jamais ses pauvres avait songé à l'aéronautique pour soulager quelques misères.

L'idée était excellente et le conseil municipal s'y était associé de grand cœur.

On décida donc d'organiser des divertissements et des plaisirs populaires dont les recettes devaient être versées à l'Assistance publique.

. . . .

La première journée des fêtes est consacrée aux locomotions nouvelles : l'automobile et l'aérostation... Le jardin des Tuileries a été prêté à l'Automobile-club et à l'Aéro-club organisateurs de la fête.

L'Automobile-club a innové une bataille de fleurs à bord de véhicules enrubannés et coquettement décorés des plus belles floraisons de juin : l'Aéro-club, pour sa première manifestation de gala, nous a réservé la surprise d'une course de distance.

Le prix est un magnifique objet d'art dû à la générosité de M. Blum, l'un des membres de la société. Quant aux frais du concours, il sont couverts par « La France automobile », la vaillante revue sportive dont la réputation n'est plus à faire.

Un règlement spécial régit cette course ; il indique dans quelles conditions elle sera disputée et comment, dans la suite, sera définitivement acquis l'objet d'art.

RÈGLEMENT DE LA COUPE DES AÉRONAUTES

ARTICLE PREMIER. — *Il est institué, par la* France automobile, *sous le nom de « Coupe des Aéronautes », une épreuve challenge internationale qui est soumise aux conditions suivantes :*

La coupe offerte par M. A.-M. Blum, membre de l'Aéro-club, sera disputée, une première fois, en course ouverte et, dans la suite, par voie de défi lancé par un aéronaute au détenteur de la Coupe.

ART. 2. — *La course aérienne aura lieu le dimanche 18 juin.*

ART. 3. — *Pourront prendre part à cette course tous les appareils aéronautiques.*

ART. 4. — *Les aérostats engagés devront être prêts à partir, au jour dit, à quatre heures de l'après-midi, dans le parc d'aérostation qui sera indiqué.*

ART. 5. — *L'épreuve consiste à franchir d'une seule traite la plus longue distance possible mesurée par une ligne droite du point de départ au point d'atterrissage.*

ART. 6. — *Le détenteur de la coupe n'en deviendra le possesseur définitif que s'il parvient à la conserver une année entière à partir du jour où il sera entré en sa possession provisoire.*

Les concurrents sont tous là : de Castillon de Saint-Victor, de La Valette, Hervieu, Santos-Dumont, Mme Savary et moi.

A quelques mètres du bassin des Tuileries, dans l'enceinte réservée aux aérostiers, les ballons commencent à frissonner sous la légère caresse de la brise, ce pendant que dans la grande allée du jardin, les bruyantes automobiles, vrais bouquets ambulants, vont, viennent, s'entre-croisent au milieu d'une odorante ondée de fleurs multicolores. Une fanfare aux entraînants accords anime l'ardeur des combattants et la bataille se prolonge au milieu des cris et des joyeux éclats de rire des femmes.

Bientôt voitures et voiturettes roulent sur un épais tapis de roses, de bluets, d'héliotropes et de lis ; les munitions sont épuisées et le combat cesse.

On se dirige alors vers les ballons que l'on regarde curieusement.

Voici l'*Amérique* cubant 1750 mètres. C'est le plus gros aérostat de la flottille. Il sera monté par Santos-Dumont le plus petit des aéronautes.

Puis c'est le *Malgache*. En le baptisant ainsi, son pilote La Valette a sans doute songé aux formes rebondies et à la couleur foncée des habitants de Madagascar d'où il revient depuis peu.

A côté du Malgache se dresse minuscule et insolent : l'*Alcor*, un petit ballon qui n'atteint pas 350 mètres cubes, mais qui se balance néanmoins avec fierté.

Le *Centaure* tout flamblant neuf, va recevoir le baptême des airs ; il a vraiment belle allure. Il s'incline mollement de droite et de gauche, d'une blancheur immaculée sous le chaud soleil. Il ressemble à quelque beau chevalier du moyen âge, nouvellement armé, et dont les châtelaines escomptent déjà les prouesses.

A côté de lui est le *Volga*, un brave ballon qui a déjà fait ses preuves. C'est à lui que s'est confiée Mme Savary. Le *Volga* ne trahira pas cette confiance.

Et c'est autour de ces aérostats une continuelle affluence, un étourdissant bruit de voix.

Des ballons pilotes s'élèvent dans les airs nous

traçant la route vers la Vendée, puis l'enlèvement d'une montgolfière reconstituée d'après des documents historiques soulève les bravos un peu ironiques de la foule. Cette brave montgolfière ressemble un peu à une vieille dame qui serait venue avec ses atours démodés et des oripeaux d'un autre âge se mêler à l'élégante société de ce temps.

Mais un brouhaha se produit : la foule se porte vers le même endroit.

Qu'y a-t-il ?

C'est Mme Savary qui dévalise l'éventaire d'une marchande de fleurs.

« Pourquoi ces roses, ces paniers de pivoines, demandons-nous ? La bataille de fleurs est terminée et dans quelques minutes nous allons partir. »

Mme Savary esquisse un gracieux sourire et nous répond.

« Mais ces fleurs, c'est pour décorer ma nacelle... et puis ce sera un lest bien parisien. »

Oh! l'ingénieuse idée! il n'y a que les femmes pour avoir de ces trouvailles !

Et tous suivant l'exemple, nous nous précipitons sur les voitures des fleuristes qui sont en un instant complètement vides.

Puis nous décorons nos nacelles.

Le gonflement des aérostats est terminé. Les ballons se balancent impatients, avides de liberté

portant à leurs flancs des guirlandes de fleurs.

A 6 heures du soir, le *Volga* s'élève ayant à son bord Mme Savary qui semble quelque bonne fée regagnant ses demeures mystérieuses en répandant sur ses admirateurs une pluie de roses enbaumées.

Le *Volga* se dirige vers le sud-ouest...; successivement le *Malgache*, l'*Aéro-club*, l'*Alcor*, l'*Amérique*, gagnent les grandes routes de l'atmosphère.

Enfin le *Centaure* flanqué de quatre ballonnets [1] va s'élancer à son tour à la conquête de la « Coupe des Aéronautes ».

Il est 7 heures 40 lorsque Maurice Mallet, mon compagnon de nacelle, prononce le sacramentel « Levez les mains, Messieurs ».

Et le Centaure s'élève doucement semant des fleurs sur son passage.

Éclairées par les derniers rayons du soleil couchant les Tuileries nous apparaissent embrasées; la place de la Concorde semble une vaste arène que viennent de déserter les enthousiastes « afficionados » et devant nous, dans sa beauté régulière et

[1] Ces ballonnets étaient dans ma pensée des réservoirs à gaz permettant de rendre au ballon principal légèrement dégonflé l'hydrogène qu'il aurait perdu; l'enveloppe du ballonnet munie d'une adresse était par la suite jetée comme lest ; si cette idée était à peu près bonne en théorie, elle était très mauvaise dans la pratique, et les ennuis que nous eûmes pour faire passer le gaz des ballonnets dans le gros ballon dans deux ascensions successives me firent renoncer à mon système.

majestueuse s'ouvre l'avenue des Champs-Elysées, avec, tout au bout, l'imposant arc de Triomphe qui borne, tel un géant de pierre, cette merveilleuse perspective unique au monde.

Puis tout cela diminue, s'enfonce, disparaît au-dessous de nous; des grondements sourds ont remplacé les bruits légers de Paris... nous sommes au-dessus de la gare d'Orléans et nous filons vers Étampes. Nous avons déjà atteint 1000 mètres et cependant, dans le lointain, nous revoyons l'arc de Triomphe, qui ressemble à une grande porte de feu; on dirait qu'il a tenu à se montrer de nouveau pour nous donner confiance et nous faire espérer en la victoire prochaine !

Bientôt Étampes paraît sur notre gauche; nous sommes équilibrés à 500 mètres d'altitude. Pendant que nous dînons, des cris parviennent jusqu'à nous : ce sont les populations qui nous saluent. Le *Centaure*, avec ses ballonnets collés à ses flancs, excite d'une façon particulière l'intérêt des terriens sur lesquels il plane. Ce ballon d'un nouveau genre obtient un réel succès.

Mais la nuit noire a fait place au crépuscule; la terre s'endort. Quelques cris d'animaux troublent seuls la campagne assoupie. Le ciel est pur et sur sa voûte bleuâtre scintillent les diamants des étoiles.

Une petite lampe électrique installée à bord de la nacelle nous permet de consulter nos cartes et notre boussole.

La direction est sud, sud-ouest.

Nous franchissons une contrée vallonnée ; quelquefois même, notre guide-rope traîne sur le sol.

Soudain c'est un étincellement de lumières, puis un bruit confus ; nous passons devant Orléans. La ville est encore animée. Nous apercevons distinctement la ligne courbe du grand mail planté d'arbres, la gare dont le hall vitré scintille sous les lampes électriques ; puis une masse apparaît dans le fond d'une place bordée de grands murs. C'est la cathédrale sur le portail et les tours de laquelle les lumières des rues convergentes jettent des feux tremblottants. A quelques mètres de là, une ligne argentée s'incruste au milieu des terres : nous reconnaissons la Loire.

Le *Centaure* s'avance vers elle : il va la franchir, quand tout à coup tel un coursier rétif, il se dérobe et revient en arrière. Une seconde fois il aborde l'obstacle, mais il se cabre encore et s'inclinant vers l'ouest il se met à longer la rive droite du fleuve.

Ce n'est qu'au bout d'une heure, après de nombreux essais infructueux, que nous parvenons à passer sur l'autre rive. Cette marche bizarre du

Centaure est due aux courants d'air qui suivent la vallée de la Loire et contre lesquels viennent mourir les courants plus faibles de la plaine.

La nuit est toujours très calme, la température est constante; aussi notre équilibre est-il parfait. Assis dans un coin de la nacelle, nous nous laissons doucement aller à la rêverie. Une sorte de langueur, de bien-être assoupit nos sens et nous voguons l'esprit perdu en de calmes visions.

Cependant nous n'avons pas encore aperçu un seul de nos concurrents : où sont-ils?

Et nous supputons les chances de chacun.

L'*Amérique*, à cause de son gros volume nous semble fort à craindre; l'*Aéro-Club* que pilote Castillon nous inquiète aussi sérieusement.

La nuit s'écoule rapidement; il est 2 heures du matin et déjà, aux confins des plaines du Loir-et-Cher apparaît une vague lueur; l'aurore commence à poindre vers l'est...

Tout à coup, une trompette aux sons faux et criards nous déchire les oreilles.

« Qu'est-ce que cela peut bien être, dis-je à Mallet?

— Sans doute un laitier qui commence sa tournée...

— Mais, non, ce n'est pas possible, on ne réveille pas les gens à pareille heure, même en pleine campagne. »

La trompette nasille encore au-dessous de nous.

« Bah ! c'est sans doute quelque pochard qui rentre chez lui après une nuit agitée..., » dit Mallet.

Mais mon compagnon n'avait pas achevé ces mots qu'il s'entendait appeler.

« Mallet ! Mallet ! est-ce vous ? »

Et, comme stupéfaits, nous ne répondions pas.

« Ah ! oui, je vous reconnais, c'est bien vous... Je vois vos ballonnets...

— Mais qui êtes-vous donc, demandons-nous à notre tour ?

— C'est Hervieu, nous répond la voix. »

Nous nous penchons en dehors de la nacelle et apercevons au-dessous de nous l'*Alcor* qui nous paraît reposer sur le sol.

« Mais que faites-vous là, dit Mallet. Vous avez déjà atterri ?

— Mais non, je marche au guide-rope.

— Avez-vous rencontré les autres concurrents ?

— Oui, Mme Savary et La Valette sont descendus du côté de Dourdan. J'ai aussi croisé Castillon.

— Et Santos-Dumont ?

— Je ne l'ai pas vu. »

Nous sommes à quelques mètres de l'*Alcor* et nous allons passer directement au-dessus. Notre guide-rope va même toucher le ballon d'Hervieu.

« Attention à la corde, crions-nous. »

« Ne vous occupez pas de cela, nous répond Hervieu. Si je le puis, je vais l'attraper et je m'en servirai pour atteindre votre nacelle et prendre avec vous un verre de champagne. »

Cette manœuvre d'un nouveau genre ne nous sourit pas beaucoup. Par bonheur le *Centaure* vient de passer au-dessus de l'*Alcor* et Hervieu n'a pu saisir notre guide-rope bien que ce dernier ait traîné sur la partie supérieure de son ballon.

Nous respirons un peu, car, au fond, nous sommes heureux d'avoir échappé à cet abordage aérien.

Nous laissons notre concurrent en arrière et filons rapidement vers l'ouest. Le soleil sort lentement au-dessus de l'horizon empourpré. Le jour apparaît, tendre, timide, puis éclatant... et nous aveugle. L'*Alcor* n'est plus en vue.

Il est maintenant 5 heures du matin et sous la chaleur du soleil le *Centaure* est emporté dans un mouvement ascensionnel. Nous voici à 1900 mètres et toujours nous marchons vers l'ouest... vers l'Atlantique.

Tout à coup, Mallet qui semble sommeiller à l'avant, me dit :

« Eh ! Eh ! ouvrons l'œil. »

Je regarde et j'aperçois au loin, très loin, une étendue brillante, un gigantesque miroir dans lequel se réflètent les rayons solaires. C'est la mer... c'est l'océan.

Nous en sommes encore très loin, mais le ballon marche assez vite.

Une condensation providentielle de notre gaz entraîne le *Centaure* dans une descente lente.

Dès que nous ne sommes plus qu'à une centaine de mètres de terre nous hélons des paysans qui passent et se dirigent vers une ville que nous apercevons dans le lointain.

« Où allez-vous ? interrogeons-nous.

— A la Rochelle, c'est le marché.

— Est-ce la ville qui est là devant nous ?

— Oui. »

Comme nous n'avons rien à faire au marché de la Rochelle et que nous ne tenons pas non plus à tenter une excursion sur mer, nous nous concertons.

Quelle guigne, tout de même d'avoir été emportés dans cette mauvaise direction ! Nous avons encore 400 kilos de lest et sans cette maudite barrière de l'Océan nous aurions pu effectuer un très long parcours. Allons ! il n'y a pas à hésiter, il faut descendre... Nous détachons les quatre ballonnets qui ont peine à soulever leur propre enveloppe et nous les abandonnons à leur triste sort.

Alors, à travers les récoltes, c'est une course folle de boules roulant les unes sur les autres, traversant les cours d'eau, franchissant les obstacles, au grand ahurissement des paysans qui regardent hébétés et ne comprennent pas.

Le vent a un peu changé de direction, il souffle de l'est, sud-est. Nous nous dirigeons vers la baie de l'Aiguillon.

Mais de tous côtés accourent des gens effarés...

« Arrêtez, arrêtez, nous crient-ils, vous allez vers la mer... »

Ils ne se rendent pas compte que nous voyons bien mieux qu'eux la position que nous occupons. L'océan est proche, en effet, — nous n'en sommes plus qu'à 500 mètres — mais nous marchons au guide-rope, très lentement. Nous avons donc le temps d'atterrir. Devant nous, dans la baie de l'Aiguillon, les barques se mettent en mouvement et forment bientôt une ligne qui défend l'entrée de la baie du côté de la haute mer. Les bons pêcheurs Rochelais ont vu le ballon ; ils croient qu'il va être entraîné dans les flots et déjà ils organisent le service de sauvetage.

A 100 mètres de nous s'étend un champ de luzerne déjà fauchée ; nous le choisissons pour atterrir. Rapidement nous jettons un coup d'œil en arrière et très au loin ; nous sommes seuls, aucun ballon ne marche dans notre sillage. Je donne un coup de soupape ; le *Centaure* descend, la nacelle touche à terre ; Mallet jette, l'ancre et le ballon s'allonge sur le sol, la soupape ouverte, béante dans la direction de l'Atlantique comme pour le maudire d'avoir limité notre marche. Il est 7 heures 40 du matin.

Les Vendéens se précipitent pour nous aider à dégonfler l'aérostat. C'est à qui nous offrira son concours. Et non contents de nous aider, ils veulent encore que nous nous réconfortions. Ils sortent de leurs poches des flacons de vin.

« Buvez, buvez, disent-ils, cela vous fera du bien. »

Puis voici que toutes les barques qui s'étaient portées à notre secours rallient le rivage ; les pêcheurs se précipitent vers nous, les mains tendues, les larmes aux yeux.

« Ah ! vous l'avez échappé belle...

— On ne vous aurait pas laissé périr, soyez tranquilles... nous avions l'œil...

— C'est égal, vous pouvez dire que vous avez de la chance. »

Et ce sont des protestations d'amitié, des serrements de mains...

Quand ils apprennent que nous venons de Paris, l'enthousiasme redouble.

« De Paris ! ils viennent de Paris... En voilà un voyage... »

Alors, c'est de l'admiration... Ces gens habitués

aux longues traites sur mer et qui se rendent parfaitement compte des distances n'en reviennent
pas...

La chaleur est étouffante et il nous est impossible
de plier le *Centaure*. Les vernis se décomposeraient
et nous ne rapporterions à Paris qu'une bouillie
informe.

Nous laissons tout notre matériel sur la place,
c'est-à-dire dans le champ où nous sommes et qui
appartient, paraît-il, à M. Leroux, sénateur. Nous
nous rendons alors au village du Rocher où nous
sommes reçus à bras ouverts par un aubergiste des
plus accueillants.

Vite, il nous fait préparer une chambre avec de
bons lits, et nous sert un substantiel déjeuner.

Nous trinquons avec tous nos nouveaux amis,
puis nous allons nous reposer pendant quelques
heures.

L'après-midi, notre aimable hôtelier, sur le désir
que nous lui exprimons de prendre un bain, nous
conduit vers une petite plage entourée de récifs où,
après une délicieuse immersion, nous improvisons
un goûter composé de moules et d'huîtres arra-
chées à même les roches.

Puis nous retournons à l'auberge. Au moment de
partir je demande la note, mais le brave hôtelier
nous répond que nous ne devons rien.

Comme j'insiste, il se fâche et déclare qu'il n'acceptera pas un sou.

J'avoue que ce fut la première et la seule fois que je trouvai tant de désintéressement chez un aubergiste.

Combien cette excellent homme ressemblait peu au gargotier de l'île de Walcheren.

Le soir, nous repliâmes notre matériel et à 3 heures du matin nous arrivions à Luçon, les reins un peu moulus, car nous avions accompli le voyage — 28 kilomètres — dans une charrette des moins suspendues.

Le lendemain, dans la soirée, nous étions de retour à Paris, ravis de notre voyage et de l'accueil que nous avions reçu en Charente.

Une nouvelle aussi mit le comble à notre joie : nous avions gagné la Coupe des aéronautes.

Grâce à l'habileté de Mallet, le *Centaure* venait pour ses débuts de remporter une victoire.

IV

A LA RECHERCHE DES « LÉONIDES »

Un départ de nuit. A la poursuite des étoiles filantes. Au-dessus d'une mer de brume. Un mot de M. Tikhoff. L'apparition de la lumière zodiacale. L'erreur de la femme à barbe. Un voyage utile.

Monsieur Janssen, l'éminent directeur de l'Observatoire de Meudon nous avait demandé de mettre des ballons à la disposition de ses astronomes, dans les nuits du 14 au 15 et du 15 au 16 novembre, pour aller observer le passage des étoiles filantes émanant des radiants du *Lion* et vulgairement appelées « Léonides ». Nous avions, bien entendu, répondu à l'appel du savant, heureux de saisir une nouvelle occasion de montrer les services multiples que l'aéronautique peut rendre à la science.

Il fut donc décidé que le ballon l'*Aéro-Club* monté par de Castillon, par deux astronomes et par moi serait lancé dans la nuit du 14 au 15 et que le ballon le *Centaure* monté par Maurice Mallet, Wilfrid de Fonvielle et Mlle Klumpke, s'enlèverait la nuit suivante. Notre départ devait avoir lieu à l'usine à gaz du Landy, après minuit.

Le 15 novembre, à une heure du matin, nous arrivions donc de Castillon et moi devant les gazomètres qui semblaient dormir dans la plaine, telles de gigantesques tortues aux noires carapaces. Sous les pâles reflets de la lune l'*Aéro-Club* couvert d'une couche de givre se balançait déjà sur ses cordages, jetant par intervalles des reflets de diamant qui se perdaient aussitôt dans l'obscurité brumeuse.

Un froid piquant nous coupe le visage et sur nos épaules tombe une humidité qui nous fait frisonner sous nos chaudes pelisses.

« Nous n'aurons pas chaud là-haut », me dit Castillon qui souffle dans ses doigts.

« Je le crains, » répondis-je, en jetant autour de moi un regard inquisiteur.

Tout est prêt. Nos compagnons de voyage désignés par M. Janssen sont là qui attendent.

Ce sont MM. Tikhoff, astronome à l'observatoire de Meudon et Lespiau, professeur de physique au collège Chaptal.

Avec d'infinies précautions on embarque les piles électriques et les fils multiples qui les relient entre elles.

« Attention... ça c'est fragile ; un rien peut tout disloquer.

— Et les lampes ?

— Tout y est. »

Nous escaladons la nacelle et quelques minutes après l'*Aéro-Club* s'élève lentement dans les airs ; il semble hésiter un instant, comme un pigeon voyageur qui cherche sa route, et brusquement il prend la direction de l'ouest.

Sauf Mallet et deux aides qui ont opéré le gonflement et effectué le « lâchez-tout », personne n'a assisté à notre départ. Aussi cette ascension silencieuse au milieu de la nuit éclairée seulement par les panaches rougeâtres vomis des cheminées voisines, a-t-elle quelque chose d'impressionnant et de mystérieux. Au-dessus de nos têtes s'est unifiée une couche épaisse de brouillard qui nous masque le ciel.

Je jette du lest. Nous plongeons dans les régions nébuleuses. La terre s'efface et le ciel est invisible. Nous naviguons entourés d'une brume glaciale qui nous oppresse et qui semble s'épaissir de plus en plus. Cependant elle devient plus transparente ; elle prend une teinte laiteuse et bientôt nous apercevons le ciel. On dirait qu'un choc soudain nous a jetés au fond d'un puits et que petit à petit nous revenons à la surface... A nos pieds, c'est maintenant un océan de nuages qui nous isole complètement de la terre dont les bruits nous parviennent faibles et confus. Les sons qui arrivent jusqu'à nous s'éteignent dans ce lit ouaté...

Soudain M. Tikhoff éclate de rire.

« Je pense, nous dit-il, à la tête que doivent faire en ce moment mes amis les astronomes. Ils ont déjà sans doute braqué leurs lunettes et ce brouillard doit les gêner terriblement.

— Dites qu'il doit les désespérer, fait M. Lespiau.

— C'est égal, reprend M. Tikhoff, ce ballon nous est un précieux auxiliaire et M. Janssen a eu une heureuse inspiration en innovant ce nouveau mode d'exploration céleste. »

Ce disant, les deux astronomes se préparent. Ils s'attachent sous les aisselles une petite table de bois sur laquelle est fixée une lampe électrique. M. Tikhoff pose sur sa tablette une carte céleste, M. Lespiau a devant lui du papier blanc.

Le premier regardera le ciel et déterminera l'intensité et la trajectoire des étoiles filantes aperçues tandis que le second transcrira fidèlement les remarques de l'observateur.

Castillon et moi nous nous efforçons de maintenir l'équilibre de *l'Aéro-Club*.

Nous montons doucement. Nous voici à 800 mètres.

Tout à coup, dans le silence de la nuit une voix s'élève brève, nette et cassante : « Une, première grandeur, blanche, lumineuse, traînée de deux secondes. »

C'est M. Tikhoff qui vient d'apercevoir la première Léonide.

Et le spectacle est curieux de ces deux astronomes observant le ciel dans une frêle nacelle d'osier à 800 mètres de hauteur avec autant de calme que s'ils étaient dans leur laboratoire étendus sur des matelas, l'œil collé à leur lunette.

De minute en minute la voix de M. Tikhoff annonce la nouvelle apparition d'un de ces astres éphémères qui traversent notre atmosphère pour s'anéantir aussitôt.

Le thermomètre marque 8 degrés au-dessus de zéro. A terre, il gèle presque ; et à l'altitude où nous sommes (1 000 mètres) la température est douce ; nous sommes même obligés d'ôter nos pelisses.

Mais les « Léonides » se multiplient ; à un moment plusieurs filent en même temps dans l'atmosphère ; on dirait un feu d'artifice grandiose.

Lentement l'*Aéro-Club* tourne sur lui-même... et ce mouvement giratoire gêne considérablement M. Tikhoff qui est, à chaque instant, obligé de se déplacer pour avoir le « Lion » devant les yeux.

En outre, sous l'influence de l'humidité de la nuit les cordes de suspension de l'*Aéro-Club* se sont raccourcies ; le ballon nous cache une partie du firmament, et nous empêche de distinguer un grand nombre de « Léonides ».

La nuit se poursuit calme et sereine ; au-dessous de nous flotte toujours une nappe blanchâtre et moutonneuse. qui nous isole de la terre. Puis, voici qu'à l'horizon la lumière zodiacale s'élève lentement ; des teintes d'un jaune orange mélangées de rouge pourpre semblent se poser sur les confins de cette mer nuageuse. L'aube se montre timidement et égaie l'immensité de ses feux ; les astres pâlissent et les Léonides deviennent difficilement perceptibles à notre vue ; et cependant, à ce moment, leur nombre semble s'accroître. Dans quelques instants elles seront invisibles ; d'autres astronomes, à leur tour, pourront les apercevoir au fond des Indes.

A travers la brume épaisse, nous devinons au loin la lumière clignotante d'un phare.

A quelle distance sommes-nous de la mer ? c'est assez difficile à évaluer, surtout avec ce maudit brouillard qui nous cache complètement le sol...

Pour comble de malheur, dans quelques instants, la lumière du phare va s'éteindre et nous n'aurons plus aucun indice pour nous guider. Nous pouvons sans nous en douter arriver sur la Manche d'une minute à l'autre.

Comme le but de notre voyage est atteint, j'estime qu'il est plus sage de regagner la terre. Je donne deux ou trois coups de soupape et l'*Aéro-Club* descend doucement, comme à regret de quitter cet océan brumeux au-dessus duquel il voguait en maître. Notre baromètre enregistreur ne marque plus que deux cents mètres d'altitude, quand nous pénétrons au milieu de la couche de brouillard.

Un sifflement caverneux et prolongé, le sifflement d'un vapeur sans doute nous impressionne désagréablement.

« Nous sommes sur mer, dit Castillon. »

Mais des aboiements de chiens s'élèvent dans la nuit.

« Non, fais-je remarquer, ces chiens qui aboient sont bien sur terre.

— A moins que ce ne soient des chiens marins, » dit Tikhoff en riant.

Cependant l'*Aéro-Club* vogue de plus en plus dans une brume opaque. Nous semblons enfermés dans un four. Le ciel a disparu tout à fait et nous ne voyons pas la terre.

Nous naviguons à travers une atmosphère humide et empuantée.

Notre baromètre et notre statoscope[1] nous in-

---

[1] Appareil très sensible indiquant instantanément toute variation d'altitude.

diquent la hauteur à laquelle nous nous trouvons...

Cent mètres... quatre-vingts mètres... cinquante mètres... et nous n'apercevons encore rien au-dessous de nous...

Notre guide-rope qui traîne déjà imprime des secousses à la nacelle...

Je prépare l'ancre et je recommande à nos compagnons néophytes de se tenir immobiles dans la nacelle... Je m'attends d'une seconde à l'autre à prendre contact avec le sol.

Les animaux terrestres qui nous devinent font à nos pieds un vacarme effroyable ; les hurlements des chiens se mêlent aux mugissements des bœufs et aux gloussements effarés des poules.

Enfin, nous voyons au-dessous de nous une vaste plaine. Nous ne sommes plus qu'à trente mètres de hauteur. Je donne un léger coup de soupape et nous sommes déposés tout doucement, sans même jeter l'ancre, au beau milieu d'un blé naissant.

Le vent est nul et l'*Aéro-Club* encore vigoureux se dresse dans l'air prêt à s'envoler de nouveau.

Si j'écoutais M. Tikhoff, qui est vraiment intrépide, je déposerais MM. Lespiau et de Castillon et nous repartirions à l'aventure.

Mais notre position est trop incertaine et la direction du vent trop inquiétante pour que nous puissions songer à faire une nouvelle ascension.

Au grand désappointement de M. Tikhoff j'ouvre toute grande la soupape et l'*Aéro-Club* se dégonfle lentement.

« Vous pouvez descendre, » dis-je à mes compagnons.

Et nous enjambons la nacelle pendant que l'aérostat, sous le poids de son étoffe s'affaisse à terre avec un bruissement de soie froissée...

Nous laissons là notre matériel et explorons la plaine à la recherche d'un être vivant qui puisse nous renseigner.

Mais autour de nous c'est le désert... pas une âme... pas une habitation. Enfin après quelques minutes de marche nous apercevons un hameau qui s'écrase au pied de grands arbres.

Par un sentier, une femme arrive poussant devant elle un troupeau de vaches... Ah : la drôle de fermière ! Elle a une barbe comme un homme et des épaules d'athlète... Certes ! voilà une villageoise qui ne serait pas déplacée chez Barnum.

Elle nous regarde avec des yeux inquiets :

« Eh ! Madame, lui crions-nous... comment s'appelle ce village.

— Sainte-Opportune.

— C'est dans quel département ?

— Dans l'Eure, près de Bernay...

— Alors, nous sommes loin de la mer.

— Oh ! non, Messieurs, il vous faut au plus deux kilomètres pour y aller...

— Mais ce n'est pas possible, puisque vous venez de nous dire que nous sommes près de Bernay.

— Mais si, que je vous dis, c'est à deux kilomètres d'ici, vous n'avez qu'à prendre la traverse et vous arriverez *dret* devant sa maison. »

Je crois que la femme à barbe est devenu folle... M. Tikhoff l'observe attentivement.

« Voyons, lui dis-je, qu'est-ce que vous nous chantez là... Je vous demande où est la mer, l'eau, la Manche... comprenez-vous ? »

La femme éclate de rire...

« Ah mais alors, fallait le dire plus tôt. Je croyais que vous me demandiez où était M. le Maire...

— Merci, ma brave femme. »

Et nous nous éloignons.

« Que dites-vous de cette paysanne, M. Tikhoff ?

— J'aime mieux les « Léonides », me répond l'astronome en souriant...

Nous nous dirigeons vers le village pour y chercher des hommes et une charrette.

« Vous voyez que nous étions loin de la mer, me dit M. Tikhoff... Ce doit être le phare d'Honfleur que nous avons aperçu.

— Je préfère ne pas l'avoir vu de plus près.

— C'est assez mon avis, ajoute M. Lespiau.

« — Bah, fait M. Tikhoff, une petite promenade en mer, ça ne fait pas de mal avant le déjeuner... »

M. Tikhoff est gai... Il n'a rien de la mélancolie du savant et rit de tout sauf des astres, ses amis.

Somme toute, notre voyage a été excellent ; nos astronomes ont fait de bonne besogne. Ils sont très satisfaits et veulent repartir le plus tôt possible pour faire d'autres expériences.

Oh ! ce ballon ! Une fois qu'on en a tâté on ne peut plus s'en passer !

V

DE PARIS A EMDEN

Un concours d'altitude. Les expériences de M. Vallot. Prenez soin du baromètre. La pluie s'en mêle. Sur Bruxelles. Le concert des cloches. Une douche inattendue. Au milieu des Allemands. Le maire d'Aschendorf. Un triste souvenir.

Un de mes vieux compagnons d'aéronautique M. Vallot, directeur de l'observatoire du mont Blanc, m'avait demandé de lui réserver une place dans ma nacelle à l'un des concours de Vincennes. Je lui avais bien entendu répondu par l'affirmative, trop heureux d'emmener encore une fois à travers les airs un savant opiniâtre dont chaque voyage enrichissait la science de quelque donnée nouvelle. M. Vallot est en effet un des premiers qui ont utilisé l'aérostation commo moyen d'investigation scientifique. Bien avant les retentissantes expériences organisées en 1901 au Jardin des Tuileries, avec le concours des principaux médecins de la Faculté et des hôpitaux, M. Vallot s'était déjà servi du ballon pour étudier dans la haute atmosphère divers phénomènes physiologiques. Il avait eu aussi l'heureuse idée de tenter des expériences de télégraphie sans fils à bord d'un aérostat. Je me rappelle toujours la surprise que nous éprouvâmes le 12 mai 1900, quand, passant au-dessus de l'Arc de Triomphe, à 800 mètres d'altitude, nous reçûmes une dépêche que nous transmettait le poste installé dans la plaine Saint-Denis.

C'était donc pour moi une joie d'emmener M. Vallot et de favoriser ainsi ses curieuses recherches.

Un concours d'altitude devait avoir lieu le 24 juin. A cette date et à l'heure fixée, M. Vallot arrivait à l'aérodrome de Vincennes. Le savant ployait sous les nombreux instruments qu'il apportait avec lui, et tenait avec d'infinies précautions un certain baromètre Fortin, très lourd, très volumineux et surtout excessivement fragile. Je ne vis point sans une certaine appréhension placer ce baromètre dans la nacelle.

« Il faut y faire bien attention, dit M. Vallot. Cet instrument qui n'a l'air de rien m'a été prêté par l'observatoire de Montsouris... C'est un baromètre unique au monde et qui coûte les yeux de la tête... »

M. Vallot qui n'aime pas à s'embarquer sans biscuit... pardon sans appareils, me passa encore avec force recommandations, des thermomètres, des hygromètres enregistreurs ou non, des psychromètres, des sphygmographes, etc., etc.

En quelques instants la nacelle se trouva transformée en un véritable laboratoire.

Quand tout fut placé, calé, bien soutenu, M. Vallot témoigna de la plus vive satisfaction.

« Je crois, me dit-il, que nous ferons du bon travail... »

Je lui répondis par un signe de tête affirmatif, mais je craignais bien que les appareils n'eussent à subir de sérieuses avaries. Ce qui m'inquiétait surtout, c'était le fameux baromètre de Montsouris et je le voyais déjà fracassé par les secousses de l'atterrissage. Je me gardai bien cependant de laisser paraître sur mon visage la moindre inquiétude.

A 4 heures 30, le premier concurrent Jacques Balsan quittait le sol monté dans le *Saint-Louis*. D'autres ballons le suivent à quelques minutes d'intervalle, puis c'est notre tour.

L'*Aéro-Club* s'enlève lentement emportant M. Vallot, le précieux baromètre et moi.

Il s'agit maintenant de résoudre le problème qui a été posé : faire de l'altitude...

Il est déjà 6 heures ; le soleil est moins chaud ; bientôt il va disparaître derrière l'horizon et il va s'ensuivre un refroidissement progressif dans l'atmosphère. Ce n'est donc pas le moment de songer à aborder les hautes régions.

Je consulte M. Vallot qui couve son baromètre d'un regard paternel et nous décidons de tenter le bond en altitude au soleil levant.

Nous continuons donc notre voyage à une faible hauteur tandis que devant nous les autres aérostats, telles de grosses chauves-souris s'efforcent de grimper vers le ciel. On les voit lutter contre la condensation du soir et ce n'est qu'à force de gros sacrifices de lest qu'ils peuvent s'élever un peu.

A l'aide de nos jumelles nous apercevons sous les ballons la traînée vaporeuse que produit le sable en tombant.

Mais bientôt, un à un les aérostats sont entraînés dans une chute rapide; ils passent devant nous comme des bolides et on peut croire un instant qu'ils vont s'abîmer sur le sol.

C'est alors qu'interviennent les puissants moyens d'équilibre à ras de terre; les guide-ropes, les serpents [1] prennent contact avec le sol et par leur poids délestent le ballon qui se pose doucement.

Le ciel est devenu nuageux; de gros flocons couleur de cendre se poursuivent rapides; l'horizon s'embrume...

[1] Le serpent est un guide-rope très court mais très lourd par mètre de longueur.

« Tiens, ça se gâte, fait remarquer M. Vallot.

— Je crois que c'est l'orage qui s'annonce.

— Heureusement qu'il est bien enveloppé... », fait le savant...

Et il regarde son baromètre qui dort dans un coin de la nacelle...

Je souris et m'assure que le délicat appareil n'a pas bougé. Pour comble de précaution je le recouvre encore d'une toile gommée.

Le soin que je prends du précieux « passager » n'échappe pas à M. Vallot...

Tous les aérostats sont maintenant descendus... seul l'*Aéro-Club* s'avance lentement dans la nuit envahissante...

Aurons-nous la chance de prolonger notre voyage jusqu'au matin et d'attendre ainsi la « sucée » providentielle du soleil levant ?

Qui sait ?

Nous sommes à environ 1 000 mètres d'altitude.

L'obscurité a envahi la terre et les ténèbres sont tellement épaisses qu'il nous est impossible de rien distinguer à nos pieds. Pour comble de malheur notre lampe électrique nous refuse sa lumière. De temps à autre cependant elle consent à jeter quelques étincelles, mais finalement elle s'obstine à dormir.

Nous montons graduellement jusqu'à 1 400 mètres puis, brusquement, par un caprice bizarre de l'atmosphère, nous sommes entraînés dans une prompte descente. Je jette du lest. Nous étions déjà revenus à la cote de 800 mètres. Lentement, nous remontons à travers une brume opaque jusqu'à 1600 mètres. Il est maintenant 10 heures.

Soudain, changement à vue : le ciel s'éclaircit et au-dessous de nous des points lumineux pointent de place en place... Bientôt une lueur rougeâtre colore la terre. Nous approchons d'une ville.

L'*Aéro-Club*, tel un gros papillon de nuit attiré par la lumière, change brusquement de direction et vole rapidement vers la cité inconnue dont les feux grossissent à vue d'œil.

Nous sommes redescendus à 200 mètres et nous apercevons maintenant autour de nous d'énormes monuments dont les masses grises s'étagent de tous côtés dominant les maisons lumineuses et les rues bruyantes. A certaines particularités je reconnais Bruxelles, la ville haute et la ville basse.

Nous sommes au-dessus de la ville haute et je crains que notre guide-rope ne touche les maisons. Je jette vivement du lest pour éviter toute collision fâcheuse entre la nacelle et quelques clochetons menaçants ; nous remontons lentement.

A ce moment, comme pour saluer notre passage, toutes les horloges de Bruxelles se mettent à carillonner.

Des notes graves et lentes bientôt suivies de tintements rapides et légers s'envolent au milieu de la nuit. Qui n'a point entendu d'un ballon la voix métallique des cloches ne peut se faire une idée de la beauté de ce concert d'airain. Cela vous a un air de fête, d'allégresse qui vous captive et vous charme.

Petit à petit, Bruxelles s'éloigne et nous nous enfonçons jusqu'à 1 800 mètres de profondeur dans les plaines mystérieuses de l'air.

Une heure plus tard, de brusques secousses nous avertissent que notre guide-rope a pris contact avec le sol.

« Qu'est-ce que cela » demande M. Vallot qui instinctivement s'est précipité vers son baromètre.

Je rassure mon compagnon en lui expliquant que notre guide-rope doit se promener à travers les arbres d'une forêt. Il fait noir comme dans un four et notre marche est trop rapide pour que nous puissions sans danger continuer ce genre de locomotion. Je fais un nouveau sacrifice de lest et l'*Aéro-Club* rebondit à 1 300 mètres.

Nous planons pendant quelque temps à cette hauteur. Déjà la nuit est moins obscure et vers 3 heures du matin nous voyons poindre le jour.

Nous nous trouvons à 50 mètres du sol et nous guide-ropons — qu'on me pardonne ce néologisme — dans un pays verdoyant, semé de haies et de maisonnettes. Puis ce sont des plaines marécageuses suivies de landes noires. Les habitations ont disparu, c'est le désert, un désert sombre, attristant.

M. Vallot me dit en regardant le sol.

« C'est bien vilain ces régions-ci. Est-ce qu'on ne pourrait pas monter très haut pour ne plus les voir. »

Au fond, mon compagnon brûle d'envie de commencer ses expériences.

Mais l'absence de toute habitation nous empêche de nous renseigner sur la contrée que nous parcourons. A en juger par l'aspect du pays nous devons être en Hollande...

« Eh bien, me dit M. Vallot... nous ne montons pas ?

— Je ne demanderais pas mieux mais je crains une chose.

— Quoi donc ?

— La mer...

— Et pourquoi, » demande M. Vallot, — ces savants ont décidément toutes les audaces.

Pour comble de malheur voilà les nuages qui recommencent à s'amonceler. Ils nous cachent bientôt le ciel bleu et prennent des tons inquiétants.

Puis de grosses gouttes de pluie viennent s'écraser sur l'*Aéro-Club*.

« En voilà une guigne, dit M. Vallot

— Oui, c'en est une et je crains bien que nos expériences soient dans l'eau. Voilà notre concours d'altitude bien compromis. »

Cependant, il nous faut monter sinon pour gagner le prix du concours, du moins pour ne pas être disqualifiés. Malgré la pluie, par le seul réchauffement de l'atmosphère au jour naissant, l'*Aéro-Club* s'élève lentement : mais l'eau qui continue à tomber alourdit notre ballon et à 5 heures du matin je commence à jeter ce lest précieux que sans la pluie, nous aurions pu conserver deux ou trois heures encore.

Au bout d'une heure, nous avons péniblement atteint l'altitude de 2800 mètres, mais tout s'en mêle pour contrarier notre projet.

Voici maintenant que nous trouvons la neige. Bientôt, elle recouvre la partie supérieure de l'*Aéro-Club* et l'entraîne vers le sol.

Je jette en soupirant un peu de lest. Dans les couches inférieures de l'atmosphère, la neige fond et arrivé à 1600 mètres l'*Aéro-Club* — ô joie — rebondit à 3100 mètres. Puis nous redescendons à 1700 mètres pour remonter à 2600 et retomber à 1800.

M. Vallot depuis quelque temps ne dit plus rien : il est tout à ses appareils. Il consulte des cadrans, inspecte des diagrammes, prend des notes, protégé par un parapluie qu'il a de la peine à maintenir.

Nous sommes toujours au milieu des nuages et nous n'entrevoyons la terre que par instants, chaque fois que nous regagnons les basses régions.

Notre lest a considérablement diminué mais l'honneur est sauf : nous avons dépassé 3000 mètres.

Nous pouvons donc nous laisser descendre. Mais M. Vallot est impitoyable.

« Ne descendons pas encore, dit-il ; tâchez de monter plus haut. »

Le ciel semble vouloir exaucer les désirs de mon compagnon.

La pluie a cessé et sans jeter de lest nous montons d'une façon continue. Nous atteignons 3 700 mètres ; le baromètre marque — 5° degrés et déjà à travers les nuages plus légers nous apercevons le soleil.

M. Vallot a replié son parapluie et l'œil fixe, il suit avec anxiété le tracé des pulsations qu'il relève au moyen d'un sphygmographe.

« Il faut, lui dis-je, que nous descendions. Nous n'avons plus que deux sacs de sable ; le soleil va nous aspirer jusqu'à une très grande hauteur et ensuite nous serons entraînés en une chute rapide que nous ne pourrons modérer faute de lest.

— Enfin ! puisqu'il le faut, soupire M. Vallot. Mais ne pourriez-vous pas me donner quelques minutes pour terminer mes observations.

— Vous pouvez très bien les terminer pendant que je vais préparer la descente. Avant de redescendre, il me faut enrayer la montée et je vais donner un coup de soupape dans ce but.

— Ah ! très bien... merci... »

Je m'accroche alors à la corde de soupape, et je la tâte pendant quelques secondes pour bien m'assurer de sa docilité, car ce n'est jamais sans appréhension que l'on ouvre, à une pareille hauteur un trou béant dans le ballon. Pourtant ces soupapes sont si bien combinées qu'il n'y a aucun danger, mais on ne peut se défendre d'une certaine crainte.

Enfin, je tire vigoureusement. Tout fonctionne pour le mieux, et la soupape se referme docilement dès que j'ai lâché la corde.

Mais aussitôt une douche glacée nous tombe sur les épaules.

Une grande quantité d'eau s'était emmagasinée dans la partie supérieure du ballon au-dessus de la soupape et, dès que j'ouvris cette dernière, une trombe s'en échappa. M. Vallot, qui se trouvait justement au-dessous de l'appendice, reçut à lui seul presque tout le paquet.

Il ne put s'empêcher de pousser un grand cri de désolation pendant que le style de son sphygmographe marquait sur le papier un trait fantastique.

Mais le ballon subitement délesté reprend son

mouvement ascensionnel. Je suis obligé de « soupaper » une deuxième et une troisième fois.

Enfin l'*Aéro-Club* se décide à abandonner les sphères élevées. Nous descendons très rapidement, retraversons les couches nuageuses et au bout de vingt minutes nous touchons presque terre. La pluie recommence à tomber. Mais le paysage a changé; nous ne sommes plus au-dessus des marécages; de riches pâturages s'étendent tout autour de nous.

J'avise une belle prairie bordée d'arbres touffus vers laquelle se dirige le ballon.

C'est là que nous descendrons.

Au moment où l'*Aéro-Club* franchit la ligne des arbres je jette l'ancre qui s'accroche au milieu des branches et l'aérostat se couche paresseusement sur un moelleux tapis d'herbe.

Des gens accourent.

« Oh! ein bâllon, ein bâllon !

— Wofon Kommen sie ? (d'où venez-vous ?). Wofon Kommen sie ? »

Vallot fait appel à tous ses souvenirs de la langue allemande et suppléant par des gestes aux mots qu'il ne trouve pas, parvient à se faire expliquer que nous sommes en plein Hanovre, au milieu du district de Emden, près du village d'Aschendorf. Cependant la conversation pénible de mon compagnon avec les Hanovriens risquerait de s'éterniser sans l'arrivée du maire d'Aschendorf qui parle admirablement le français. Après nous avoir écoutés, il se tourne vers les paysans et leur dit :

« Ces aéronautes sont des Français. »

Alors, nous sommes entourés des marques de la plus profonde sympathie et bientôt tous ces Allemands, dociles comme des soldats disciplinés, replient le ballon, commandés par le maire auquel nous avons expliqué la manœuvre.

On va chercher une charrette ; l'aérostat y est placé et le cortège se met en route vers le village voisin. Chemin faisant, quelques paysans croient utile de pousser l'amabilité jusqu'à nous dire qu'ils aiment beaucoup les Français. L'un d'entre eux me décoche même cette phrase que Vallot me traduit :

« Je connais beaucoup Paris ; c'est une très belle ville. J'y suis allé en 1870.. »

Ce Teuton semble content d'avoir dis cela. Je ne suppose pas qu'il y ait de malice dans sa pensée ; tout au contraire, il veut me prouver ainsi son admiration pour la France, mais ces quelques mots me causent une impression pénible.

Nous arrivons au hameau où nous trouvons la voiture du maire, une sorte de char à bancs attelé de deux vigoureux postiers qui nous conduit jusqu'à Aschendorf.

Là, le maire nous fait les honneurs de sa maison ; il nous présente à toute sa famille.

Après nous avoir offert un copieux goûter arrosé de bière, il nous conduit au meilleur hôtel et là nous recommande comme il l'eût fait pour ses meilleurs amis. Dans l'après-midi, il revint nous chercher, nous accompagna dans la ville. Puis il donna l'ordre d'étendre notre ballon pour le sécher et le fit ensuite replier avec soin. Le soir venu, il nous souhaita bonne nuit et les paysans nous dirent « auf wiedersehen ! » au revoir ! Cet homme charmant, dès le lendemain matin, fit enregistrer nos bagages, prit nos billets, régla jusqu'à notre note d'hôtel.

Nous remerciâmes ce bon allemand, mais nous étions un peu émus, un peu tristes, d'avoir été si bien reçus dans ce pays qui nous a coûté tant de larmes.

Et en regagnant la France, nous songeons à tous ces ballons sortis de Paris pendant le siège et que guettaient les balles des fusils prussiens.

Aussi avons-nous un poids de moins sur le cœur quand le train qui nous emmène roule sur la terre française.

Car le ballon qui supprime les frontières n'enlève pas à ceux qui le montent la grande idée de Patrie.

VI

PAR LA TEMPÈTE

Un voyage qui s'annonce mal. Une course mouvementée. L'*Horizon* file à grande vitesse. La ligne des phares. La tempête. Au-dessus des flots. Un atterrissage difficile. Où on nous prend pour des revenants. Il y a barde et barde. Je me déguise en cuisinier. La fin d'un brave.

Ce jour-là, à l'aérodrome de Vincennes, le programme de la journée comporte un concours de durée.

Chacun veut décrocher la palme; aussi tous les concurrents sont-ils là autour de leurs ballons surveillant avec un soin jaloux les manœuvres de gonflement.

Cependant sur leurs fronts se dessine un pli inquiétant; de temps à autre ils interrogent des yeux le ciel où roulent avec une rapidité d'ouragan de gros nuages noirs avant-coureurs des tempêtes.

Bientôt le vent se lève et son souffle brutal courbe et tord sur leurs amarres les aérostats à demi gonflés.

Le ballon captif de l'Exposition solidement

entravé, se débat sous la rafale, tel un géant ligotté auquel on inflige un douloureux supplice. On s'attend d'un moment à l'autre à le voir rompre ses câbles et s'élever dans les airs en un fou tourbillonnement. Le directeur du ballon captif, M. Vernanchet se promène nerveux, autour de son matériel menacé et me conte ses peines. La foule est là, impatiente d'essayer en ballon captif ses goûts aéronautiques et le vent, ce maudit vent s'y oppose sans raison avec une énergie farouche de Titan en révolte.

Mais moi aussi, je suis soucieux. Je dois piloter un immense aérostat « l'*Horizon* » qui cube 3 300 mètres et je ne le vois pas sans une certaine appréhension osciller de droite et de gauche sous cette force tenace que rien au monde ne peut vaincre. Le gonflement des ballons devient de plus en plus difficile ; les filets craquent et leurs mailles se rompent ; nous craignons à chaque instant de voir les enveloppes libres de toute entrave s'échapper dans l'espace.

La vitesse du vent qui à trois heures était déjà de 50 kilomètres en atteint bientôt 60 et elle menace d'augmenter encore.

« Vous ne partirez pas par un temps pareil », nous disent nos amis.

Et ce conseil leur est suggéré par la prudence ;

mais nous ne sommes, pour ainsi dire, pas maîtres de nos actes.

C'est au comité de l'Exposition représenté par M. Louis Godard, remplaçant exceptionnellement le commandant Paul Renard, de décider.

Mon ami de La Valette, vice-président de l'Aéro-Club prie M. Godard de remettre le concours. Très sagement, il lui fait remarquer qu'il est périlleux de partir en pleine tempête et il insiste sur la nature de la course qui a pour objet de passer en l'air le plus grand nombre d'heures possible.

« Voyez, dit-il, la direction du vent est des plus mauvaises ; les ballons risquent d'être jetés en pleine nuit et peut-être au plus fort de la rafale sur les côtes de la mer. En laissant s'accomplir cette course que d'un mot vous pouvez remettre, vous encourez une grave responsabilité... »

Mais M. Louis Godard répond qu'il n'a pas reçu d'ordres du comité et qu'il ne peut différer le concours. Il ajoute que les concurrents qui ne voudront pas partir sont libres et qu'ils ne seront pas disqualifiés. C'est un peu la carte forcée et aucun de nous, bien entendu, n'abandonne.

D'ailleurs, comment pourrions-nous ne pas concourir aujourd'hui ! Chacun sent que renoncer au départ c'est risquer de perdre les avantages obtenus déjà dans les précédents concours.

Ou le concours aura lieu et alors nous courrons tous ; ou il sera remis. Mais s'il est décidé, M. Louis Godard sera seul responsable des accidents qui pourront se produire.

Pendant que Maurice Mallet, avec une belle assurance, continue les préparatifs de gonflement de l'*Horizon*, je rassemble mes passagers MM. Maison et Turgan qui doivent s'embarquer en qualité d'aides et le baron Jean Lepic ainsi que Georges Oudet.

Je ne leur dissimule pas que l'ascension peut être dangereuse et je les engage à renoncer au voyage.

« Il y va de votre vie, leur dis-je. Avec un vent pareil, dans quelques heures nous allons être à la mer et il nous faudra coûte que coûte atterrir en pleine rafale.

L'*Horizon*, je tiens à vous le faire remarquer, offre une surface considérable au vent au moment de l'atterrissage. De plus, il ne possède pas de corde de déchirure et même, si malgré l'obscurité, nous avons la chance de bien tomber nous serons certainement emportés dans un effrayant traînage et alors... je ne réponds de rien. Vous comprendrez que je ne puisse point me charger de vous. Il y a péril et mon expérience me fait un devoir de vous avertir. Ce sera pour une autre fois, croyez-moi... »

Mes deux aides Maison et Turgan qui sont déjà montés en ballon et qui se rendent parfaitement compte du danger refusent de m'abandonner. Je les supplie de rester à terre.

« Nous vous suivrons, disent-ils. S'il y a du danger, c'est une raison pour que nous restions avec vous et que nous vous aidions. C'est nous qui voulons partir : votre responsabilité se trouve donc dégagée. »

J'insiste encore.

« Voyons, dis-je en m'adressant à Maison, cela est impossible ; réfléchissez bien : vous êtes père de famille... Je ne puis vous laisser tenter cette aventure.

— C'est décidé, bien décidé, me répond Maison d'un ton ferme... et d'ailleurs ma femme serait la première à me reprocher de vous avoir abandonné dans un moment pareil.

— Enfin ! puisque vous le voulez, c'est entendu, vous partirez... Merci de cette preuve d'amitié.

— Et vous, dis-je à Oudet et à Lepic, j'espère que vous allez me faire le plaisir de rester à terre. Vous n'avez pas l'habitude des ascensions. Maison et Turgan savent à quoi ils s'exposent et au besoin ils pourront m'être utiles, mais vous... vous nous gênerez plutôt... »

Et puis, ajoutai-je, en manière de conclusion : « je ne veux pas de vous, il y a du danger.

— Du danger, ah ! il y a du danger, s'écrie Lepic... Qu'est-ce que tu nous chantes là... tu veux me faire croire qu'il y a péril à monter dans ton ballon... Allons, allons ! tout ça, c'est des histoires... Si tu ne pars pas, je monte à ta place et je conduis moi-même l'*Horizon*... Tu verras si je ne m'en tire pas... ça me connaît les ballons... j'ai déjà fait un voyage...

— Oui, je sais, avec Castillon, mais c'était par un calme plat ; aujourd'hui ce n'est pas précisément la même chose.

— Enfin, je te dis que je veux partir et... je... partirai. D'ailleurs je me « fiche » de ma peau. »

Devant cet argument péremptoire, je suis forcé de m'incliner.

Quant à Oudet il déclare qu'il fera comme Lepic...

Cette situation est assez embarrassante. Je suis très touché, je l'avoue, de la confiance que me témoignent mes passagers, mais je ne suis pas très rassuré sur l'issue du voyage... J'emmène des novices et dame avec eux, il faut s'attendre à tout.

J'essaie encore de les dissuader, je me fais pressant, je les supplie. C'est peine perdue. Ils ne veulent rien entendre.

Allons, puisqu'il en est ainsi, j'emmènerai donc à

bord de l'*Horizon* Turgan et Maison comme aides, Lepic et Oudet comme passagers.

Au diable le vent et les entêtés !

** * **

Il est déjà 5 heures et les premiers aérostats commencent à partir.

Le lâchez-tout est particulièrement laborieux. Les rafales n'ont pas diminué d'intensité ; elles contrarient brusquement les manœuvres et malgré les hommes qui les retiennent, les nacelles sont souvent renversées avec leurs passagers sous l'effort désordonné du ballon qui les entraîne.

Castillon s'enlève le premier dans l'*Aéro-Club*, en compagnie de Pierre Perrier, mais le pesage et le lâchez-tout s'exécutent mal et l'aérostat s'est à peine élevé de 30 mètres qu'il est repris par un remous ; la nacelle va buter avec une effroyable rapidité contre la cime d'un rideau d'arbres.

La foule pousse un grand cri.

Nos malheureux amis vont s'abîmer au milieu des branches, quand fort heureusement des sacs de lest attachés aux parois extérieures de la nacelle se déchirent et le sable en se répandant déleste l'*Aéro-Club* qui bondit vers les nues.

Castillon et Perrier que nous apercevons assez

nettement nous font signe qu'ils n'ont rien. C'est fort heureux et on peut dire qu'ils l'ont échappé belle.

On les acclame et l'*Aéro-Club* file vers le nord avec la vitesse d'un train express; il n'est bientôt plus qu'un petit point noir qui ne tarde pas à se fondre et à disparaître dans le ciel brumeux.

Les autres départs s'effectuent au milieu des plus grandes difficultés. Voici Corot, Faure, Guffroy, La Mazelière puis Juchmès, Hervieu, Saunière et Balsan.

Les aéronautes se suivent à quelques minutes d'intervalle et leurs ballons presque tous sur la même ligne, à des hauteurs différentes, se poursuivent rapides, glissant sous la poussée du vent, vers les plaines de l'Ouest.

Enfin c'est notre tour; il est maintenant 7 heures du soir et la nuit s'annonce précédée de cette brume grisâtre compagne habituelle du crépuscule.

Cependant la foule est toujours aussi nombreuse et de plus en plus enthousiaste. Elle a tenu à assister à notre départ, car elle se rend parfaitement compte du danger auquel nous exposent les dimensions de notre aérostat. Sa curiosité est encore avivée par cet inconnu mystérieux.

Pendant que nous procédons aux derniers préparatifs La Valette s'approche de Lepic et lui dit :

« Voyons, écoutez donc de La Vaulx, ne vous embarquez pas... vous courez de gros dangers...

— Allons donc.

— Mais je vous assure. »

Lepic hausse les épaules et s'approche de moi.

« Quel est donc, me dit-il, ce « type » qui veut m'apprendre ce que c'est qu'un ballon. C'est sans doute la première fois qu'il en voit un.

— Quel type ?...

— Tiens, celui-là, là-bas, avec un chapeau melon.

— Mais, mon cher, c'est le comte de La Valette, l'un de nos meilleurs aéronautes et vice-président de l'Aéro-Club.

— Lui, allons donc ! Eh bien ! il en a de bonnes... »

J'essaie encore de dissuader Lepic d'entreprendre le voyage, mais il se fâche.

« Embarquons, dit-il..., vous finiriez par me faire croire que vous êtes tous des « froussards » à l'Aéro-Club. »

On éclate de rire et Lepic saute dans la nacelle. Bientôt nous sommes au complet.

7 heure 15. — Nous emportons 800 kilos de lest et nos provisions... Nous sommes équilibrés. Je demande à Mallet de surveiller lui-même le départ car je me soucie fort peu d'aller comme de Castillon donner dans les arbres du bois de Vincennes.

Profitant de la légère accalmie qui se produit

généralement après le coucher du soleil, Mallet prononce les commandements et l'*Horizon* s'élève lentement dans la brume pendant que nos amis nous souhaitent bonne chance et nous crient « au revoir ! »

« Vous voyez bien que j'avais raison de soutenir qu'il n'y avait aucun danger, s'écrie Lepic ».

Nous sommes partis tout doucement et nous roulons maintenant sur du velours .. Mais comme pour donner un démenti à Lepic les courants rapides nous saisissent et nous entraînent à cinquante à l'heure.

Derrière nous, Paris fuit rapidement et nous perdons bientôt de vue le phare de la tour Eiffel dont les rais lumineux s'effacent petit à petit dans le lointain.

Nous nous mettons à table car rien ne creuse comme ces envolées au milieu de l'atmosphère ; nous mangeons d'un excellent appétit et nous nous laissons même aller à une douce gaîté que ne tarde cependant pas à refroidir l'idée de l'atterrissage prochain... Dame, ce sera dur ! Il y aura du sport comme dit Lepic qui me reproche encore d'avoir voulu le forcer à renoncer à un si beau voyage.

Nous sommes emportés à travers l'espace à 60 ou 80 kilomètres à l'heure et cependant nous ne ressentons aucune secousse. Nous passons au-dessus des villages que nous devinons aux quelques lumières qui les éclairent, nous franchissons les gares, dépassons les trains qui halètent au-dessous de nous comme s'ils se fatiguaient à nous suivre.

Ah ! Bien des chauffeurs envieraient notre allure !

Autour de nous c'est la nuit... aucun concurrent n'est en vue...

Voici Houdan, puis Dreux et Laigle. Il est à peine 9 heures 1/2 et déjà nous avons parcouru 140 kilomètres environ. A cette allure, nous ne tarderons pas à apercevoir les premiers phares de la côte...

Tout à coup, en avant sur notre droite, un point lumineux apparaît tremblotant et fugace... on dirait une étoile scintillant à travers le brouillard. J'examine attentivement cette lueur et rapidement je suis fixé. C'est bien le feu d'un phare.

« Ce doit être le phare de la Hève », me dit Turgan qui a exploré comme marin les côtes de la Manche.

Le phare qui, il y a quelques instants, était sur l'avant et à notre droite passe insensiblement derrière nous : notre direction s'incline donc un peu vers l'ouest. Mais d'autres lumières miroitent encore sur la droite puis peu à peu s'atténuent et se perdent dans la nuit.

Nous allumons nos lampes électriques et consultons attentivement nos cartes. Lepic montre quelque inquiétude. Il voit des phares partout et selon lui nous sommes déjà sur la mer... Il a un peu perdu de sa belle assurance du début.

Cependant nous connaissons bientôt notre direction. Dans quelques minutes nous devons rencontrer une lumière : le feu d'Avranches. Si nous marchons directement dessus ou que nous le laissions à notre gauche ou très peu à droite, il nous faudra atterrir car nous nous dirigerons sur la Manche, dans sa partie la plus large...

Ce n'est pas, je l'avoue, sans appréhension que j'envisage cet atterrissage prochain. Si au contraire nous laissons le phare franchement à notre droite c'est que nous pénétrerons dans la presqu'île armoricaine et nous pourrons ainsi avancer jusqu'à la rencontre d'un nouveau feu.

Et notre direction se maintenant il nous sera possible de prolonger notre voyage jusqu'aux environs de Brest.

Il est maintenant 10 heures 50. Turgan vient d'apercevoir à droite et en avant un point lumineux.

« Tenez, me dit-il, voyez là-bas. Ce doit être le phare d'Avranches.

— Si vous pouviez dire vrai ! »

Le feu est terne, indécis ; il est vrai que nous en sommes à 40 kilomètres environ. Nous inspectons attentivement l'horizon car une minute d'inattention peut nous perdre.

A 11 heures la lueur que nous ne quittons pas des yeux glisse doucement à notre droite. Il n'y a plus de doute possible : ce ne peut être que le phare d'Avranches...

Nous sommes donc dans la bonne direction et allons avant peu pénétrer dans la presqu'île bretonne.

Au-dessous de nous la tempête fait rage ; c'est un mugissement farouche, un grondement sourd. Parfois on croirait entendre le fracas d'une énorme avalanche balayant tout sur son passage. Parfois aussi le vent qui s'engouffre dans les forêts ploie les cimes des arbres avec un grand bruit de cataracte et s'enfuit en hurlant pour se briser sur les collines de roc.

Cet ouragan a quelque chose de sinistre et de douloureux et la plume est impuissante à en rendre l'horreur grandiose. Petit à petit le phare d'Avranches se recule et n'est bientôt plus visible.

« Allons, dis-je, nous allons pouvoir prolonger notre voyage...

— Pourvu que la tempête se calme.

— Souhaitons-le, car sans cela l'atterrissage sera plutôt mouvementé... »

Mais pendant que nous parlons, un bruit confus parvient jusqu'à nous, un bruit inquiétant qui se mêle aux rafales et aux bourrasques...

C'est d'abord un bruissement lointain puis un grondement régulier, qui par instants s'élève pour s'atténuer aussitôt...

Nous prêtons l'oreille... penchés sur la nacelle. Une inquiétude nous envahit car tous, sans nous consulter, nous avons la même idée, la même crainte.

Soudain nous poussons un cri, cri de détresse et d'effroi :

« La mer !... La mer !... »

Oui, c'est la mer... Elle est là devant nous qui semble nous guetter... elle est là à 500 mètres à peine...

« Descendons, descendons vite, murmure Lepic d'une voix éteinte... Et il cherche à saisir la corde de la soupape. Je n'ai que le temps de me jeter sur lui pour l'en empêcher.

— Mais tu es fou... lui dis-je. Nous sommes à 1 000 mètres d'altitude, l'atterrissage en ce moment ce serait la mort... la mort atroce au milieu des flots.

— Que faire alors, me dit Oudet.

— Il n'y a qu'à nous laisser entraîner sur la mer... Nous courons ainsi la chance de rencontrer une côte où nous pourrons atterrir. »

L'*Horizon* est encore chargé de presque tout son lest ; à mon évaluation, il peut tenir l'atmosphère pendant une vingtaine d'heures... Si le malheur veut que cette nuit nous ne rencontrions pas de côte, peut-être demain, au jour, pourrons-nous nous faire reconnaître d'un navire... Peut-être aussi tomberons-nous sur une saute de vent, car cette tempête doit enfin cesser ; elle a atteint son maximum d'intensité.

En bas, les vagues mugissent et se brisent sur le granit des falaises. J'avoue qu'en ce moment je regrette étrangement cette ascension qui menace de se mal terminer. Une angoisse indéfinissable nous étreint ; mes compagnons sont là, inquiets, m'interrogeant du regard ; et pour les tranquilliser, je m'efforce de paraître calme, quand je sens que c'est la mort que nous avons peut-être devant nous, la mort contre laquelle toute lutte humaine est inutile... Je fais tous mes efforts pour conserver mon sang-froid... au seuil de l'abîme. Je trouve même la force de plaisanter...

« Hein, dis-je à Lepic, vous ne vous attendiez pas à cette promenade sur mer... »

Il esquisse un sourire... et me prenant la main il me dit :

« Je sais bien que tout est perdu... pourquoi chercher à nous tromper ? »

Nous rasons en ce moment la pointe de Cancale.

« Oh ! je t'en prie, me dit Lepic, descendons, descendons... Tiens, voilà la terre... »

Il ne se doute pas, le pauvre ami, que la descente à cet endroit, c'est la mort certaine... l'écrasement sur les rochers ou l'ensevelissement dans les flots qui s'élèvent en frémissant comme pour nous attirer plus vite à eux.

Et l'*Horizon* fuit toujours, tel un immense goéland amoureux du large et de l'inconnu... Il nous entraîne et nous sommes impuissants ; il est notre maître ; il nous conduira où il voudra : on dirait qu'une folie de vitesse s'est emparée de lui et il roule sur les nuages noirs, en attendant qu'il se précipite dans les flots ou s'abîme sur le roc...

Mes compagnons résignés n'ont pas un mot de découragement ; et Turgan même, qui mieux que tout autre voit l'imminence du danger, cherche à nous distraire.

« Si nous continuons, dit-il, dans une heure nous serons en Angleterre, installés dans un bar devant un bon thé bien chaud.

— Nous sommes f... ichus, murmure Lepic.

— Faisons un pari, dit Turgan... ; si nous atterrissons sains et saufs, me commanderez-vous une voiture automobile ?..

— Oh ! dix, si vous voulez, balbutie Lepic...

— Non, une seule, mais c'est entendu hein ?

— Oh ! oui...

— Tope-là, alors. »

Ainsi Turgan, ingénieur d'une maison d'automobiles songeait dans les moments les plus critiques aux intérêts de sa société...

C'est, je crois, la seule fois que l'on ait placé une automobile dans de telles conditions...

Maison et Oudet sont impassibles : Oudet en est à sa première ascension et j'admire son sang-froid et son calme... c'est un rude baptême de l'air que celui qu'il reçoit en ce moment...

Quant à Maison, c'est déjà un vieil aéronaute ; il a quinze ascensions à son actif.

Il est marié et père de deux enfants et je devine, bien qu'il ne dise rien et se montre superbe de tranquillité, qu'il songe à ceux qu'il a laissés là-bas et qu'il ne doit peut-être plus revoir...

Au-dessous de nous la mer continue à gronder; on dirait qu'elle s'impatiente, qu'elle nous attend !

Nous passons devant le cap Frehel et nous entrons alors dans une zone de solitude qui m'effraie. Aucun phare ne nous indique l'approche d'une côte ; nous sommes seuls en ce moment, bien seuls, perdus dans l'immensité : en l'absence de tout point de repère il nous est très difficile de nous reconnaître...

Sommes-nous, comme nous l'espérons, dans le golfe de Saint-Brieuc où nous trouvons-nous en pleine mer entraînés vers l'Atlantique ?

Mes compagnons m'interrogent à chaque instant

et je dois leur répondre, les encourager même, quand au fond de moi je ne crois plus guère au salut et que ma pensée monte vers la Divinité notre dernier espoir... cette Divinité invisible, qui nous entoure et nous commande, puissante consolatrice des marins en détresse et que tous nous invoquons en ce moment tout bas, à bord de ce fragile esquif d'osier que les flots vont peut-être engloutir à jamais.

Une sorte de torpeur a envahi mes amis ; ils sont là inertes, n'ayant même plus le courage de bouger ; ils sentent que tout effort est inutile et qu'il ne faut plus compter que sur une intervention surhumaine.

Je suis moi aussi plongé dans mes tristes réflexions quand soudain, il me semble à l'horizon apercevoir une ligne sinueuse et blanchâtre... J'appelle Turgan ; nous regardons tous deux avec anxiété ; la ligne se dessine... nous avançons vers elle.

Serait-ce la côte ? nous n'osons l'espérer, mais un bruit sec et rythmé parvient jusqu'à nous ; il n'y a plus de doute c'est bien le bruit des vagues sur les rochers...

A 1 heure 40, nous sommes au-dessus des brisants, mais la nuit est tellement obscure que nous ne pouvons savoir si c'est la terre qui est devant nous...

Peu à peu, la ligne blanche s'éloigne ; le fracas

des flots s'atténue... nous percevons maintenant un bruissement régulier ; on dirait la plainte des feuilles agitées par le vent...

L'*Horizon* est en légère descente ; peut-être pourrons-nous enfin savoir si nous voguons réellement au-dessus de la terre.

Je jette une bouteille ; nous prêtons l'oreille et un bruit reconnaissable de verre brisé nous avertit que la bouteille s'est abîmée sur le sol...

Il n'y a plus de doute possible :·

« Nous sommes sur terre... nous sommes sur terre... »

A ces mots mes compagnons se relèvent ; la joie illumine leurs visages... ils me serrent la main... je crois même que Lepic m'embrasse...

Pendant un moment c'est du délire...

« Sauvés, nous sommes sauvés, crient-ils...

— Vive la terre !

— Oui, vive la terre ! »

Mais il s'agit maintenant d'atterrir et rapidement car qui sait si nous n'allons pas retrouver la Manche.

Je donne des ordres à la hâte...

Turgan se mettra à la soupape avec Maison et la fera manœuvrer à mon commandement.

Quant à Oudet et à Lepic je leur ordonne de bien se cramponner au fond de la nacelle.

Je fais une dernière recommandation :

« Que personne surtout ne saute de la nacelle avant mes instructions : il y va de sa vie et du salut de ses camarades. »

Car l'atterrissage va être dur et je prévois un effrayant traînage...

La nuit est de plus en plus noire... Où tomberons-nous ? Au milieu des arbres, des maisons ou des champs... Je n'en sais rien, mais tant pis. Il faut atterrir à tout prix.

D'après notre baromètre enregistreur, nous sommes à deux cents mètres du sol.

Je remets une dernière fois ma destinée entre les mains de la Providence et je commande.

« Tout le monde à son poste et surtout tenez-vous bien... »

Je viens à peine de prononcer ces mots qu'une secousse effrayante est imprimée à la nacelle...

« Tenez-vous !... »

Le guide-rope vient d'accrocher un arbre et l'*Horizon* poussé par le vent s'abat et se relève avec des soubresauts furieux...

Je jette l'ancre et je crie :

« Cachez-vous au fond de la nacelle. »

Il était temps ; devant nous s'est dressé un rideau d'arbres au milieu desquels nous allions nous engloutir...

Alors notre nacelle craque, gémit ; nous heurtons

des arbres, des branches et c'est une course folle, vertigineuse.

Nous roulons, nous tanguons...

« J'ai le bras cassé, hurle Lepic... »

Fort heureusement il n'en est rien ; il a reçu un choc violent ; c'est un tube d'oxygène comprimé qui est venu le frapper.

Pendant ce temps Turgan et Maison tirent de toutes leurs forces sur la soupape.

L'*Horizon* se dégonfle, mais trop doucement à notre gré...

Enfin, nous ressentons une commotion violente ; l'une des cordes qui traînent derrière nous s'est accrochée et ce moment d'arrêt permet au reste du gaz de s'échapper de l'aérostat.

L'*Horizon* est maintenant complètement arrêté. Nous sortons tous de la nacelle renversée contre une haie épaisse sous laquelle elle s'est en partie engouffrée.

Nous nous tâtons... Personne n'est blessé... nous sommes à l'abri du danger.

Mais une pensée nous vient à l'esprit. Que sont devenus nos concurrents ? Ont-ils eu comme nous la chance de s'en tirer sains et saufs ?

Lepic qui décidément préfère la terre ferme aux plaines de l'air a retrouvé toute sa gaîté. Il déniche sous les sacs de lest une bouteille de champagne qui a été épargnée par le naufrage. Nous la vidons à la santé de l'*Horizon* défunt.

Mais il s'agit de nous reconnaître un peu.

Où sommes-nous ?

En furetant nous retrouvons heureusement intacte notre petite lampe électrique et à l'aide de sa faible lumière nous fouillons la nacelle... les appareils enregistreurs, baromètres, thermomètres et hygromètres, ont disparu. Nous suivons pas à pas la corde qui nous a arrêtés ; c'est celle de l'ancre...

Mais il nous est impossible de rechercher en ce moment, à travers l'obscurité, les objets perdus : nous sommes dans un endroit semé d'obstacles, de haies, de fossés : à chaque instant nous trébuchons.

Il nous faut trouver une issue aboutissant à un chemin et gagner un village ou une ferme. Nous revenons sur nos pas...

L'*Horizon* complètement dégonflé est accroché au milieu des arbres ; nous nous frayons un passage à travers les haies et nous nous trouvons bientôt devant un amas de pierres et de matériaux.

C'est au milieu de ces ruines que la partie supérieure de notre aérostat est venue s'abattre...

A quelques mètres devant nous, une maison se dresse. Sans la haie providentielle où notre nacelle s'est engagée, nous allions nous écraser contre cette demeure...

Nous faisons le tour de cette habitation et frappons aux portes et aux fenêtres. Personne ne répond. Il est probable que cette maison est inhabitée. Elle semble d'ailleurs avoir été fortement endommagée par une incendie. Nous suivons alors un chemin encaissé et nous avançons lentement sous la pluie qui tombe à flots, à la lueur des éclairs. Cette marche forcée a quelque chose de lugubre... On nous prendrait pour quelques fantômes venus la nuit pour jeter un sort aux vivants.

Nous marchons longtemps dans la boue. Enfin nous apercevons un bâtiment; ce doit être une ferme. Elle est précédée d'une cour entourée de murs. La porte est ouverte, nous entrons... Fort heureusement il n'y a pas de chiens... Nous explorons la cour, frappons aux portes, mais personne ne bouge. M'approchant d'une fenêtre basse, je braque ma lampe électrique dans la direction de l'intérieur...

« Venez voir, dis-je à mes compagnons, venez voir... »

Tous s'approchent et regardent. Dans une sorte de lit-armoire adossé à la fenêtre, un vieux et une vieille dorment d'un profond sommeil.

Je cogne aux carreaux et le couple s'éveille, mais il n'a pas plutôt aperçu la lumière brillante qu'il se replonge sous les couvertures en proie à une indicible frayeur. J'essaie de rassurer ces paysans.

« Ouvrez, nous sommes des voyageurs. »

Le vieux risque un œil derrière son oreiller et se cache aussitôt...

« Voyons, n'ayez pas peur... ouvrez. »

Mais personne ne bouge... Nous sommes dans quelque coin isolé du fond de la Bretagne, pays superstitieux par excellence, et notre arrivée en pleine nuit à la lueur d'une lampe électrique terrifie les fermiers.

Ils nous prennent pour des démons, et tout ce que nous pouvons leur dire ne sert à rien.

« Il vaut mieux après tout, fais-je remarquer, que ces gens soient terrifiés car sans cela ils auraient pu nous recevoir à coups de fusil.

— Il n'aurait plus manqué que cela, » dit Lepic.

Je tente encore un dernier effort. Je m'approche de la fenêtre et braque de nouveau ma lampe électrique sur les paysans, puis je la retourne sur moi-même. A ma vue ils se replongent sous leurs couvertures en poussant des cris d'effroi.

« Braves gens, ouvrez, ouvrez donc, nous sommes des amis... »

Enfin l'homme se décide à sortir de son armoire tandis que la vieille pâle de frayeur regarde la fenêtre où je suis accoudé...

Nous attendons. Enfin un grand bruit retentit dans la maison, nous entendons des sabots qui frappent les dalles et bientôt un jeune gars à l'air décidé se montre à la fenêtre... Il nous inspecte et nous demande en un français baroque ce que nous désirons.

Je lui explique notre situation; il consent alors à nous ouvrir la porte.

Nous entrons dans la pièce où se trouvent couchés les vieux Bretons et aussitôt des têtes apparaissent de tous côtés... Ici ce sont des enfants qui semblent sortir d'une boîte, là des jeunes gens et des jeunes filles qui sautent d'une armoire. Et tout ce monde effaré, ahuri est bientôt devant nous nous dévisageant curieusement et se frottant les yeux pour nous mieux voir.

Nous racontons notre histoire au jeune homme qui nous a ouvert la porte et il explique à son tour à ses parents que nous arrivons de la capitale à travers les airs.

Quelques gamins regagnent leurs boîtes en courant comme des lapins et les vieux qui nous prennent sans doute pour des êtres fantastiques font le signe de la croix...

L'effroi enfin calmé, nous parvenons à nous faire donner à manger et sous les yeux de ces êtres simples qui se demandent encore si nous ne sommes pas des diables, nous avalons du pain, du fromage et du beurre, le tout arrosé de cidre...

Mais nous sommes trempés. Nous mettons nos

vêtements devant le feu et nous nous enveloppons dans de gros draps blancs que nous prêtent nos hôtes. Ainsi accoutrés, nous ressemblons à des revenants.

Nous gagnons alors une grange qui sera pour quelques heures notre chambre à coucher. Tout le monde assiste à notre déshabillé qui a lieu à la lueur de ma lampe électrique dont les feux intriguent beaucoup les Bretons. Nous nous faisons des lits au milieu de bale d'avoine[1] et nous essayons de dormir. Certes notre couche est assez moelleuse, mais elle offre cependant quelques inconvénients ; les déchets dont elle est formée se glissent sous nos caleçons et nos gilets de flanelle et remplacent avantageusement l'horripilant poil à gratter. Mais nous nous estimons encore heureux de notre sort.

Après avoir dormi deux heures, nous faisons atteler une charrette et toujours recouverts de nos draps nous nous dirigeons vers le lieu où a atterri l'*Horizon*.

Déjà de nombreux groupes stationnent auprès du cadavre de l'aérostat dont l'étoffe pend à travers les branches d'arbres, semblable à un grand velum dressé en vue de quelque cérémonie.

Un brave paysan coiffé d'un chapeau à larges

[1] Déchets provenant de l'avoine battue.

bords et la poitrine serrée dans un gilet brodé m'explique plus à l'aide de gestes qu'en langue française qu'il habite la maison incendiée et qu'il n'a pas osé nous ouvrir la nuit dernière croyant avoir affaire à des malfaiteurs. Il avait entendu le ballon s'abattre et en tremblait encore. Nous partons en reconnaissance pour retrouver nos appareils perdus. Il nous est assez facile de reconstituer notre route; nous n'avons pour cela qu'à suivre le sillon tracé par notre ancre. Une trouée dans une haie vive, de grosses branches cassées, hachées qui jonchent le sol, de jeunes pommiers abattus nous sont autant d'indices, grâce auxquels nous pouvons suivre la dernière course de l'*Horizon*, course vertigineuse s'il en fût. Devant les obstacles sans nombre accumulés sur notre route nous restons stupéfaits. Telle une troupe d'éléphants dans une forêt vierge nous avons tout balayé pendant plus de 2 kilomètres.

Enfin, nous parvenons à retrouver tous les objets que nous cherchions, et après les avoir confiés au propriétaire de la maison incendiée, nous repartons sur la charrette pour Guingamp où nous trouvons enfin un hôtel.

Il s'agit maintenant de requérir des hommes pour nous aider à replier notre matériel qui est dans un triste état.

« Allez donc trouver le colonel du régiment d'infanterie qui tient garnison ici, nous dit l'hôtelier ; il est très aimable et vous donnera sûrement des hommes de troupe pour vous aider. »

Le conseil était bon. Je me rends donc chez le colonel du 48ᵉ Régᵗ de ligne qui me reçoit en effet avec la plus grande affabilité et met à ma disposition dès que je lui en formule la demande, 30 hommes et un sous-officier pour l'après-midi.

Je redescends dans la ville et suis arrêté par un attroupement. C'est mon ami Lepic qui a décidément retrouvé toute son éloquence et qui raconte à de braves boutiquiers bretons ahuris, les épisodes de notre nuit aéro-maritime ou, grâce à sa présence d'esprit, il a, dit-il, sauvé la situation. Nous profitons des quelques moments qui nous restent avant le déjeuner pour aller tous à la cathédrale de Guingamp où nous déposons des cierges devant la statue de la Vierge protectrice des marins. C'est avec une douce joie que nous offrons à celle qui nous a sauvés pendant cette terrible nuit, cet humble gage de notre reconnaissance. Cet autel de la Vierge est décoré de tous côtés de bannières, de drapeaux, de barques minuscules grossièrement taillées dans un morceau de bois, de peintures anecdotiques, offrandes de pieux matelots protégés miraculeuse-ment contre les fureurs de la mer.

Et tout cela est touchant dans sa simplicité... Ces

offrandes enfantines en disent plus long que les gros livres qui traitent des religions et de leurs bienfaits.

Nous regagnons l'hôtel et au moment où nous pénétrons dans la grande salle, plusieurs officiers de la garnison s'empressent autour de nous et nous demandent le récit de notre voyage mouvementé.

Aussitôt Lepic prend la parole. Pour la « et unième fois » il raconte ses exploits au-dessus de la Manche.

A un bout de table, un barde breton dans son costume national, raconte des légendes d'Armorique.

Je lui demande s'il connaît Théodore Botrel.

« Botrel, répond-il... Ah! oui, un parisien qui fait des poèmes bretons...

— Mais c'est un barde breton... »

Mon interlocuteur secoue la tête et murmure...

« Non, c'est un barde de Paris... » Je n'insistai point. De Paris ou de Bretagne, peu importe. Botrel nous a initiés aux mystères de la lande et aux sentiments à la fois naïfs et généreux des Bretons. C'est un poète qui sait parler aux cœurs... Ce collègue qui le renie ne parle qu'aux... tables d'hôte...

Après le déjeuner, nous partons en voiture de l'hôtel et nous dirigeons vers l'endroit où gît notre pauvre *Horizon*. Pour préserver mon costume, j'ai eu soin au préalable de revêtir une tenue de cuisinier; de tous les employés de l'établissement, ce fut le seul qui eut des vêtements à ma taille, et c'est dans cet accoutrement que j'arrive sur le lieu de l'atterrissage.

Les soldats sont déjà là et grâce à eux le pliage du ballon s'opère assez vite.

Le pauvre *Horizon* vient d'accomplir sa dernière étape, car les blessures dont il est meurtri lui interdisent maintenant toute nouvelle envolée. Sa peau glorieuse servira à confectionner des bâches.

L'opération terminée, je m'apprêtais à partir quand de rusés paysans m'entourèrent.

Ayant ouï dire que le matin j'avais accordé une indemnité à l'un d'eux pour quelques dégâts causés dans son champ, ils venaient me présenter eux aussi leurs notes de frais.

Comprenant que je n'en finirais pas si je m'engageais dans cette voie, je leur conseillai d'écrire au commandant Renard, président du Comité des concours internationaux de l'Exposition de Vincennes.

Et je fus bien inspiré, car les démarches à tenter, les lettres à écrire, refroidirent quelques-uns de ces rusés Bretons qui voyaient dans la descente de mon ballon sur leurs terres une source de bénéfices importants. Et de fait, il ne parvint qu'une seule réclamation que le commandant Renard me transmit. Comme elle était juste, je la réglai.

Le soir tout ce qui restait du vaillant *Horizon* était embarqué sur Paris. Nous reprenions nous-mêmes le chemin de la capitale, désolés d'avoir perdu, par le fait de la décision d'un président de concours, un matériel de grand prix mais heureux toutefois de n'avoir perdu que cela. On a vu en effet, qu'il s'en fallut de peu que nous ne revinssions jamais de ce voyage accidenté, le seul de toute ma carrière d'aéronaute où j'ai couru un réel danger.

VII

A TRAVERS LES ALPES

Concours de distance. Un officier de marine néophyte. Comment deux ballons peuvent s'aborder dans l'atmosphère. Un lever de soleil féerique et la chaîne des Alpes. La Grande-Chartreuse. Nouvelle méthode pour couper les communications télégraphiques. Les hôtes du Ciel.

A l'Exposition de Vincennes les concours hebdomadaires de ballons continuent à attirer les spectateurs qui peu à peu se sont passionnés pour ces modernes attractions. On s'intéresse maintenant aux concurrents que l'on suit avec une curiosité soutenue. On suppute les chances des aéronautes, on discute leurs performances ; on se rappelle leurs récents exploits. Des paris s'engagent.

« Jacques Faure à quatre contre un

— Castillon à égalité.

— Je prends de La Vaulx à deux. »

Et c'est un spectacle curieux que celui de cette foule fiévreuse, enthousiaste, qui se coudoie, se presse, se bouscule, avide de voir, autour de frêles balustrades qui protègent les aérostats contre l'indiscrétion du public.

Cependant les barrières ne tardent pas à être escaladées : certains curieux ont déjà accès dans l'enceinte réservée.

Les uns pour forcer la consigne ont trouvé d'ingénieux prétextes, les autres se sont audacieusement faufilés à leur suite déjouant avec une ruse bien parisienne la sévère surveillance des agents.

La foule veut voir, toucher ces aérostats, examiner à son aise ces engins nouveaux qu'elle s'était jusqu'ici représentée comme des choses sans utilité, uniquement créées pour permettre à quelques audacieux de se donner en spectacle.

Fort heureusement, les nombreuses expériences déjà faites, les essais tentés et couronnés de succès n'ont pas peu contribué à faire revenir les sceptiques de leur primitive erreur.

On nous considère bien encore un peu comme des êtres étranges, mais on ne nous traite plus de fous : C'est un progrès.

Du jour où l'innovateur ne rencontre plus auprès de ses contemporains cette incrédulité railleuse qui déconcerte tous les efforts et tue à leur naissance toutes les énergies, ce jour-là, il est bien près de la réussite car, la science s'est enfin imposée et a eu raison de ses détracteurs.

Je suis persuadé que l'opinion de ceux qui ont

assisté à nos expériences de Vincennes a parcouru plusieurs étapes. On est d'abord venu à l'aérodrome jouir d'une récréation attrayante. Cela fut un début, une distraction dans laquelle entrait bien un peu, il faut le dire, cette attente de l'imprévu, cette expectative du danger qui sommeille dans l'âme de toute agglomération humaine.

On s'est enthousiasmé à l'intrépidité des « ascensionnistes » puis on s'est fait, avec raison, une idée plus juste de l'aérostation.

Jusqu'alors on nous avait un peu traités comme des charlatans : certains regrettaient même que quelques-uns d'entre nous pour corser le tableau ne se suspendissent point à un trapèze au-dessous de la nacelle.

Mais quand on eut acquis la certitude que le ballon n'était pas un jeu, que les ascensions avaient leur utilité et qu'elles se terminaient toutes sans accidents, alors on s'intéressa à l'aéronautique et le mot « sport », le grand mot, fut enfin prononcé.

Nous fîmes des adeptes ; on commença dans toutes les classes à s'inquiéter de l'importance qu'allaient prendre les ballons.

C'est, on peut le dire, à l'Exposition de 1900 que l'on doit cette vulgarisation de l'aéronautique dont les progrès vont chaque jour croissant.

*
* *

Le but du concours qui nous occupe était le suivant : franchir la plus grande étendue de terrain possible, étendue que l'on calculerait par une ligne tracée sur un planisphère depuis le point de départ c'est-à-dire Vincennes jusqu'au point d'atterrissage des divers ballons.

Treize concurrents avaient répondu à l'appel : c'étaient de Castillon, Juchmès, Hervieu, Dubois, Jacques Balsan, Jacques Faure, J. Leloup, Nicolleau, Munerot, Balzan, Saint-Aubin, Crucière et moi.

« Treize ! oh le mauvais chiffre », faisaient observer quelques superstitieux...

Mais il faut croire que le chiffre 13 n'est fatidique que sur terre. J'ai eu l'occasion de le constater à différentes reprises.

Le concours est handicapé. Chaque concurrent ne peut se servir que d'une quantité de lest proportionnelle au cube du ballon. Dans l'esprit du Comité, ce « handicapage » a pour but de répartir les chances entre les divers concurrents et de permettre à un ballon de 1000 mètres par exemple de lutter à chances égales avec un ballon de 3000 mètres.

Le résultat a-t-il répondu aux prévisions ?
J'en doute.

Les concurrents dont les aérostats enlèvent un poids de lest supérieur à celui dont ils peuvent disposer ont la faculté ou d'emporter ce lest dans des sacs plombés et de les rapporter intacts au comité des concours ou, ce qui est beaucoup plus simple, de prendre à la place de ces colis encombrants des passagers en nombre suffisant pour parfaire le poids supplémentaire.

En outre, cette course devait s'accomplir sans escales, c'est-à-dire qu'il était interdit de s'arrêter le soir au moment où la condensation nocturne du gaz coûte de gros sacrifices de lest et de profiter le lendemain matin pour repartir de la radiation solaire qui dilate les gaz. Il fallait, en un mot, accomplir le voyage d'une seule traite.

Chacun des concurrents reçoit les instructions nécessaires pour la course; on lui remet aussi ses papiers de nacelle (Livres de bord, feuilles de route, témoin d'escale, témoin d'atterrissage).

A 3 heures, toute la flottille aérienne est prête et les ballons impatients dansent sur leurs amarres. Les départs s'effectuent de cinq minutes en cinq minutes.

C'est enfin le tour de mon vieux *Centaure* : le pesage a lieu sous l'œil attentif du commandant Hirschauer et le livre du bord qu'il me remet mentionne ainsi ce que j'emporte :

Poids des livres, papiers, etc. .	10 kilogs.
Force ascensionnelle	80 —
Lest disponible.	330 —
Lest plombé	Néant.
Total	420 kilogs.

J'ai préféré remplacer le lest plombé par un de mes amis que je tiens à initier aux charmes de la navigation aérienne : le comte du Bourg, lieutenant de vaisseau.

En sa qualité de marin ne doit-il pas connaître tous les modes de navigation : sur l'eau, sous l'eau et à travers les airs.

Il est 3 heures 30 minutes quand le *Centaure* quitte la terre : il s'équilibre aussitôt entre 6 et 700 mètres.

La vitesse du vent est faible. Devant nous, semblables à des sentinelles avancées, des aérostats nous précèdent ; aux rayons du soleil, leurs enveloppes brillent comme des cuirasses.

Bientôt nous sommes au-dessus de la Marne aux îles verdoyantes et nous apercevons toujours l'aérodrome que nous venons de quitter.

A ce moment un ballon s'échappe à son tour de l'enceinte de l'Exposition et s'élève avec rapidité comme lancé par un « ball trap » invisible. Cet aérostat dépasse bientôt notre altitude : il a dû partir avec une très grande force ascensionnelle, ce qui est une faute, car, dans une course comme celle-là, où il est nécessaire pour parcourir une longue distance de rester longtemps dans les airs, il importe de ménager ses forces et de ne pas perdre de gaz en atteignant sans nécessité les régions trop élevées. C'est abréger maladroitement la durée du voyage.

Mon compagnon de voyage s'intéresse énormément à tout ce qui l'entoure et son œil de marin habitué à fouiller les horizons s'arrête perçant et curieux sur le panorama qui se déroule à nos pieds. Tout est nouveau pour lui. L'aspect des terres, des villes et des bois vus de notre nacelle le captive étrangement. De temps à autre, il me demande quelques renseignements : « Où sommes-nous ? Qu'est-ce donc que cela là-bas ? »

Et il paraît fort étonné quand je lui désigne nettement les diverses choses et les êtres sur lesquels nous planons.

C'est en effet pour lui une éducation nouvelle. Si d'un premier coup d'œil, le marin reconnaît la configuration d'une côte, la position d'un navire encore invisible pour des yeux moins exercés ; si l'explorateur sait distinguer dans le lointain l'oasis ou le point d'eau où il devra établir son campement, l'aéronaute lui, peut distinguer rapidement la nature des terrains sur lesquels il passe ; à la moindre inspection du sol, il y découvre des objets invisibles aux profanes. A plusieurs milliers de mètres dans les airs, il distinguera un train rapide d'un train omnibus, une voiture légère d'un camion, une automobile d'un attelage. Non seulement il est guidé par la vue mais aussi par l'ouïe. C'est grâce à cette éducation spéciale, toute d'expérience et d'attention qu'il arrive à déterminer de sa nacelle la largeur des routes, des chemins, à apprécier le degré de maturité des récoltes, à surprendre les secrets des villes, des bourgs et des hameaux.

Nous planons au-dessus du bois Notre-Dame, toujours à la même altitude, tandis qu'autour de nous les ballons concurrents montent et descendent dans l'atmosphère, nous fournissant ainsi de précieux renseignements sur la vitesse et la direction des courants aériens.

Au-dessous de nous est un aérostat.

Ses passagers nous interpellent :

« Ça va bien là haut ?

— Oui et vous ?.... »

Au moyen de nos jumelles nous reconnaissons l'*Orient* que pilote notre ami Jacques Faure.

Il est 5 heures et le soleil commence à baisser progressivement à l'horizon ; nous descendons avec lui.

Je laisse le guide-rope prendre contact avec le sol.

Je veux ainsi montrer à du Bourg ce qu'est cette marche au « guide-rope » par un temps calme. On ne peut en effet rêver une locomotion plus agréable et plus douce.

Nous sommes au-dessus des plaines qui avoisinent Brie-Comte-Robert, à environ 80 mètres au-dessus du sol et nous avançons doucement sans la moindre secousse, comme si nous étions installés sur un balcon roulant.

Nous voyons se dérouler devant nous les campagnes fertiles de la Brie qu'embrume légèrement la vapeur transparente du soir qui tombe.

Du sol des voix s'élèvent joyeuses.

« Oh ! un ballon... un ballon. »

Et une rumeur confuse comme un bourdonnement d'abeilles monte jusqu'à nous.

Ce sont des acclamations, des souhaits, des questions et des plaisanteries.

« Dites donc, vous allez bien loin comme ça ?

— Mais vous devez avoir soif !

— Descendez donc prendre un verre, vous n'êtes pas si pressés... »

Et nous saluons tous ces gens que distrait la vue de notre aérostat et qui nous sourient. Car il est une chose que j'ai souvent remarqué : On sourit toujours aux ballons... Je n'en dirai pas autant des voitures et des automobiles! Les enfants, en poussant des cris de joie, courent après notre guide-rope qu'ils cherchent à saisir et ils sont navrés, les pauvres petits, quand après avoir couru pendant plusieurs kilomètres ils arrivent à nous rejoindre et que nous leur défendons de toucher à la corde.

Devant nous s'étagent à des hauteurs différentes cinq de nos concurrents ; généralement ils se maintiennent assez près de terre et nous marchons dans leur sillage.

« Où sommes-nous, demandons-nous à un groupe de paysans que nous croisons au détour d'une route?

— Vous êtes à Ivry-le-Château répondent-ils avec l'accent traînard des paysans de la Brie. Inclinez un peu à gauche et vous ne tarderez pas à arriver à Brie-Comte-Robert...

— Merci ! »

A 300 mètres de nous un château dort paisiblement au milieu d'une mer de feuillage. Cette propriété est entourée de murs mais avec l'indiscrétion qui caractérise les aéronautes nous pénétrons dans le parc où un groupe d'hommes et de jeunes femmes s'ébat joyeusement au milieu d'une pelouse.

Notre guide-rope faisant une longue traînée à tra-

vers l'herbe traverse lentement massifs et plates-
bandes.

« Qui êtes-vous », nous crie-t-on ?

Je donne mon nom...

« Comment c'est vous La Vaulx : c'est moi d'Ay-
mery.

— Qu'est-ce que vous faites-là ?

— Vous le voyez, nous jouons au tennis...

— Mes compliments, vous n'avez pas l'air de
vous ennuyer...

— Et vous, où allez-vous ?

— Je n'en sais rien encore, je vous le dirai
demain... »

Et pendant que le ballon s'éloigne, des cris joyeux
éclatent de toutes parts.

« Bon voyage ! Bon voyage... »

Et nous regardons pendant quelques instants
les mouchoirs qu'agitent de jolies mains de femmes.

Devant nous un ballon marche péniblement, il
semble las ; son guide-rope traîne de plus en plus à
terre. Des paysans le saisissent, le tirent à eux de
toutes leurs forces et la nacelle touche bientôt le sol.
Des gens de bonne volonté accourent et la maintiennent solidement. Nous voyons très distinctement les aéronautes se pendre à la corde de soupape et quelques minutes après la grosse sphère

d'étoffe à moitié dégonflée s'abat sur le sol semblable à un aigle blessé.

Pourquoi cet atterrissage si prompt à quelques kilomètres à peine du point de départ? Quel est le concurrent dont le voyage a été si bref? C'est peut-être quelque aéronaute qu'un mauvais matériel force à s'arrêter ou plutôt quelque fantaisiste qui a jugé bon de s'offrir une petite promenade aérienne aux frais de l'Exposition.

Le soleil disparaît lentement au-dessous de l'horizon pour mourir derrière les collines assombries et nos concurrents ne sont bientôt plus que des taches grises qui finissent par se fondre dans l'obscurité flottante de la nuit. Les arbres caressés par la brise du soir bruissent doucement à nos pieds, troublant seuls de leur léger murmure le grand silence des plaines qui s'endorment.

Je jette un peu de lest et parviens facilement à m'équilibrer à la hauteur de 1000 mètres. La température est d'une douceur infinie; on se sent heureux de vivre au milieu de ce calme serein que les terriens ne soupçonnent pas.

Nous attaquons les provisions et mangeons avec grand appétit.

Ah! rien n'est plus délicieux qu'un repas en ballon par une belle nuit étoilée. On jouit de tous les agréments d'un dîner en plein air sans en avoir les inconvénients, car on n'est pas exposé à voir choir dans ses mets des insectes indiscrets. On n'a pas à craindre non plus les piqûres des moustiques. Ce sont là des avantages appréciables à mon avis.

De temps à autre, dans la nuit, des bruits de voix nous parviennent. Un ballon apparaît derrière nous...

« C'est vous La Vaulx ?

— Oui... qui êtes-vous ?

— *La Lorraine.*

— Ah ! Dubois... comment va ?

— Très bien... je dîne...

— Bon appétit... à quelle hauteur êtes-vous ?

— Nous sommes à 600 mètres. Il y a une heure que nous vous suivons... »

Et nous continuons à converser avec les passagers de *La Lorraine*. Il est 9 heures du soir, les horloges tintent lentement dans la campagne.

Le vent paraît plus rapide et il nous semble que nous entrons dans un pays accidenté. Nous devons être dans l'Yonne.

J'interroge Dubois qui me suit toujours.

« Vous reste-t-il encore beaucoup de lest ?

— Je n'ai plus que six sacs, mais je suis parfaitement équilibré. »

Il a à peine achevé ces mots que *La Lorraine* poussée par un courant rapide bondit sur nous.

« Et! dites donc! là-bas, vous allez nous écraser.

— Ne craignez rien, me dit Dubois; je jette un peu de lest et je passe au-dessus de vous; surtout ne jetez rien de votre côté, car ce serait la fâcheuse collision.

— Soyez tranquille et allez! »

Quelques secondes après, entraîné par un de ces courants capricieux que la météorologie est encore incapable d'expliquer, *La Lorraine* passait à quelques mètres au-dessus de nous, son guide-rope pendant à la hauteur de notre nacelle.

« Au revoir, nous crie Dubois.

— **A** demain matin... nous nous retrouverons bien. »

Il est maintenant 11 heures et demie. *La Lorraine* descend doucement, prend un courant de plus en plus rapide et disparaît complètement.

Je cherche à m'équilibrer dans ce courant providentiel qui vient d'emporter mon concurrent, mais c'est en vain. J'ai beau monter ou descendre, je n'avance pas plus vite. Il faut nous résigner à notre sort; c'est ce que nous faisons et pour tuer le temps, nous soupons.

Du Bourg s'est endormi; il ronfle comme un orgue et ses grognements tantôt sourds tantôt bruyants et sonores troublent prosaïquement la paix de l'immensité muette.

Il commence à faire froid et j'endosse ma pelisse ; nous voyageons sans doute au-dessus d'un pays de plateaux car bien que notre baromètre marque 1 200 mètres d'altitude, nous ne sommes guère à plus de 800 mètres de la terre.

Le froid a réveillé mon compagnon.

« Et bien, que fait-on, me dit-il, en se frottant les yeux…

— On fait de la route. »

Et en effet nous marchons rapidement : on dirait que le *Centaure*, pour se réchauffer, a accéléré son allure.

Du côté du levant, une lueur indécise baigne l'horizon. Il est 4 heures du matin. C'est l'aurore qui entr'ouvre doucement ses portes.

Insensiblement la lumière augmente ; la terre se réveille frémissante sous la rosée de la nuit. Un coq lance son chant au matin naissant et les oiseaux commencent timidement leur concert.

La température s'est encore un peu rafraîchie et, notre gaz se condensant, nous descendons. Je laisse le *Centaure* poursuivre son mouvement descensionnel, car le soleil ne tardera pas à l'enlever dans les régions élevées.

Nous traversons de grandes forêts au milieu desquelles court en serpentant une petite rivière : l'Arroux, sans doute. En face de nous, se profile à l'infini dans la brume bleuâtre une importante chaîne de montagnes au milieu desquelles il nous semble apercevoir le mont Blanc déjà haut sur l'horizon.

A 5 heures 30, le soleil fait son apparition ensanglantant de larges tons rouges les Alpes qui s'éveillent.

Car nous ne pouvons en douter, ce sont bien les Alpes que nous avons devant nous, les Alpes Dauphinoises dont les sommets percent par intervalles la brume qui les entoure.

Aucun aérostat n'est en vue.

Nous coupons le canal du centre et nous passons au-dessus de la Saône près de Chalon. Il est 6 heures et demie et sous l'action calorifique du soleil le *Centaure* atteint l'altitude de 2100 mètres. Nous marchons au sud-est vers l'immense muraille de montagnes qui semblent vouloir nous barrer le chemin.

Déjà les cimes se détachent plus nettes à travers le brouillard qui peu à peu se dissipe. Les glaciers aux flancs azurés étincellent sous les rayons du soleil.

C'est une ondulation lointaine, vaporeuse, une mer infinie de pics bleus et neigeux.

Dans quelques instants, nous allons pénétrer au milieu des contreforts des Alpes.

Le *Centaure* s'élève doucement jusqu'à 3400 mètres. Nous inclinons légèrement vers le sud et bientôt nous planons au-dessus de Bellegarde. Sur notre gauche et un peu en arrière de notre marche notre vue embrasse les grands lacs de la Suisse...

Voici le lac de Genève aux eaux dormantes encaissé au milieu des rochers de Naye; plus loin, à travers une pittoresque vallée, c'est le lac de Neuchâtel, clair comme le cristal, avec son cortège éblouissant de cimes de porphyre aux tons crus, aux formes changeantes.

Maintenant, autour de nous, c'est la montagne dans toute sa beauté terrifiante.

Nous entrons dans la vallée du Rhône que nous suivons, doucement entraînés par son courant, bien que nous soyons à l'altitude de 3 500 mètres. Nous traversons le fleuve et le longeons sur sa rive gauche. Nous le franchissons une seconde fois et nous laissons à notre droite la gare de Seyssel.

Devant nous, tel un immense miroir le lac du Bourget resplendit au soleil : à l'est nous entrevoyons le lac d'Annecy avec sa bordure d'arbres verdoyants et ses vallées aux profondeurs mystérieuses.

Le panorama est tellement éblouissant, tellement

imposant qu'il me faut renoncer à en détailler les beautés.

Nous avons devant nous tant de tableaux d'une diversité de motifs si imprévue et si fréquente, que nous éprouvons un étrange embarras à distinguer dans ce que nous ressentons la part de l'étonnement ou celle de l'admiration. Ici c'est un paysage sauvage et gracieux à la fois, des cascades mugissantes et de grandioses solitudes ; là ce sont des bois de sapins ou de châtaigniers séculaires, puis partout des glaciers qui miroitent, des cimes au front neigeux qui se penchent au-dessus d'abîmes où le regard se perd avec effroi.

Et au loin, dominant tout cela, debout au centre de cette mêlée de montagnes qu'il semble tenir à distance se dresse le mont Blanc, souverain, orgueilleux, fier de sa puissance et de sa force.

Ces images successives vous laissent l'impression d'un kaléidoscope où sans cesse le décor change pour apparaître de nouveau plus saisissant et plus majestueux.

A 11 heures 10 nous entrons au-dessus du lac du Bourget. Sur notre gauche dort tranquille la ville d'Aix-les-Bains, sur notre droite la Dent du Chat nous apparaît comme un monticule. D'ailleurs le lac du Bourget, malgré son étendue, nous semble une grande mare.

Nous sommes à 3800 mètres d'altitude et sous l'influence combinée du soleil et du manque de pression, du Bourg se sent un peu oppressé. Je lui conseille de dormir.

Il est midi quand nous sortons du lac que nous avons traversé dans toute sa longueur et nous suivons une vallée étroite qui s'amorce à Chambéry et va déboucher dans la vallée de l'Isère.

Nous avons atteint l'altitude de 4000 mètres et planons successivement au-dessus des Echelles et de Saint-Laurent-du-Pont.

Au-dessous de nous s'étale caché au milieu de la montagne le monastère de la Grande-Chartreuse.

Tous ces bâtiments grisâtres symétriquement alignés nous font l'effet d'abris lilliputiens. Ils paraissent tout au plus tenir dans quelques mètres carrés.

Avec leur entourage de pins et leurs toits en dos d'âne ils ressemblent à ces bergeries de carton pâte qui ont fait les délices de nos jeunes années.

Sur notre gauche les hautes Alpes nous tracent toujours notre route...

Tout à coup, à travers deux rochers nous apercevons l'Isère au cours capricieux dont les eaux d'argent roulent en écumant sur les pierres qui forment son lit.

Concours de distance pour ballons libres
(Tableau officiel

ORDRE des départs.	NOMS des concurrents.	CUBES des ballons.	JOURS ET HEURES	
			Départ.	Arrivée.
		m. c.		
1	J. Leloup . . .	650	9 sept. 2 h. 30 s.	9 sept. 6 h. 10 s.
2	Nicolleau . . .	1 730	9 sept. 2 h. 40 s.	9 sept. 7 h. 55 s.
3	De Castillon de Saint-Victor .	1 616	9 sept. 3 h. 05 s.	9 sept. 8 h. 30 s.
4	Hervieu	1 610	9 sept. 3 h. 9 s.	10 sept. 6 h. 45 m.
5	Munerot	720	9 sept. 3 h. 19 s.	9 sept. 7 h. s.
6	Balzon.	900	9 sept. 3 h. 21 s.	9 sept. 5 h. 35
7	Saint-Aubin . .	600	9 sept. 3 h. 23 s.	9 sept. 5 h. 10
8	Crucière	417	9 sept. 3 h. 27 s.	9 sept. 8 h. 15 s.
9	De La Vaulx . .	1 630	9 sept. 3 h. 31 s.	10 sept. 2 h. s.
10	Jacques Faure.	1 043	9 sept. 3 h. 39 s.	10 sept. 11 h. 20 m.
11	Dubois.	1 200	9 sept. 3 h. 40 s.	10 sept. 5 h. m.
12	J. Balsan . . .	2 310	9 sept. 3 h. 46 s.	10 sept. 12 h. 45 s.
13	Juchmès. . . .	1 843	9 sept. 3 h. 50 s.	10 sept. 11 h. m

*montés handicapés du 9 septembre 1900.
des résultats).*

DURÉE de l'Ascension.	POINT D'ATTERRISSAGE	DISTANCE de Vincennes.	ALTITUDES maxima.	PRIX décernés par le jury.
heures.		kil.		mètres.
3,40	Breau (S.-et-Marne).	45	2 150	»
5,15	Sergines (Yonne).	82	1 290	»
5,25	Baby (S.-et Marne).	83	1 560	»
15,36	Saint-Phal (Aube).	140	450	»
4,41	St-Mery (S.-et-Marne).	40	1 170	»
2,14	Grisy-Suisnes (S.-M.).	24	1 310	»
1,47	Chevry-Cossigny (Seine-et-Marne).	21	1 480	»
4,48	Salins (S.-et-Marne).	63	1 140	»
22,29	Sassenage (Isère).	473	4 070	1er prix.
19,41	Giron (Ain).	385	3 850	3e prix.
13,31	Longvic (Côte-d'Or).	261	1 740	»
20,59	Challex (Ain).	398	4 880	2e prix.
19,10	Billey-Côte-d'Or).	293	2 960	»

Il est 1 heure et demie de l'après-midi et une forte condensation contracte le gaz de notre aérostat.

Le *Centaure* descend ; je modère sa chute en jetant progressivement du lest, mais il est sucé par le couloir venteux de l'Isère et notre marche qui, à partir de Chambéry, avait été sud-ouest, devient sud-est subitement.

Nous suivons la vallée et sommes entraînés vers les hautes montagnes. Dans la direction de notre marche se dressent les altiers sommets du mont Pelvoux. Il ne faut pas songer, avec le peu de lest qui nous reste, à nous laisser entraîner au milieu des hautes Alpes.

Qui sait où nous atterririons et où la nuit viendrait nous surprendre ?

Comme notre descente s'accentue nous en profiterons pour atterrir aux environs de Grenoble.

Je donne des instructions à mon compagnon. J'amarre l'appendice car nous ne sommes plus qu'à 200 mètres environ du sol et notre baromètre marque encore 1 200 mètres d'altitude.

Notre descente se précipite ; à terre le vent est rapide et s'engouffre avec force à travers un couloir de granit à l'entrée duquel est un village : Sassenage.

C'est là qu'il faut atterrir. Le vent de plus en plus violent nous chasse vers l'énorme rocher qui borde le village et semble devoir nous y écraser.

Nous ne sommes plus qu'à 100 mètres de terre ; l'instant est critique, car à la vitesse à laquelle nous marchons un choc contre le roc serait pour nous la mort.

Fort heureusement, à 200 mètres de l'obstacle notre direction change ; nous enfilons le couloir et le vent semble couvrir le rocher d'un épais matelas d'air contre lequel nous rebondissons.

Le guide-rope traîne à terre ; nous traversons en ce moment le parc d'un château qui commande l'entrée du village. Il faut descendre là.

Notre nacelle va toucher terre ; je jette l'ancre mais la terre est molle et l'ancre trace de profonds sillons sans parvenir à arrêter notre marche. Du Bourg qui est devenu aéronaute tire de toutes ses forces sur la corde de soupape d'une main tandis que de l'autre il tient soigneusement son appareil photographique dans lequel sont enfermés les clichés des panoramas alpestres qu'il a pris quelques heures auparavant.

Mais nous avons franchi le parc et l'ancre n'a toujours pas mordu ; elle traîne derrière nous à la remorque. Nous traversons une rue, nous entrons dans un verger.

Soudain une forte secousse nous jette au fond de la nacelle.

C'est notre ancre qui vient enfin d'accrocher la grille du château.

Mais elle se détache et le *Centaure* dans une course folle, repart au-dessus des murs, des arbustes et des haies. Ce galop final intéresse au plus haut point du Bourg qui, flegmatique comme un Anglais, continue à tirer sur la corde de soupape tout en protégeant son kodak. Il en est à sa première ascension et fait montre d'un réel sang-froid. Oh! ces marins !

Avisant une maison contre laquelle nous marchons, ils me dit le plus tranquillement du monde.

« Ne croyez-vous pas qu'il faudra jeter un peu de lest pour passer au-dessus de cette habitation ? »

A ce moment une nouvelle secousse est imprimée à la nacelle.

C'est encore notre ancre qui continue ses expériences. Elle est en train d'éprouver la solidité des fils télégraphiques et de la force motrice de Sassenage ; un premier fil se rompt avec un bruit métallique, puis un second, mais le *Centaure* de plus en plus dégonflé n'a plus de force. L'ancre cette fois paraît bien engagée.

Des paysans accourent et enroulent le guide-rope autour d'un arbre.

Le ballon est vaincu.

La nacelle vient se poser comme par un fait exprès dans l'allée centrale d'un verger et l'étoffe de l'aérostat en s'abattant avec fracas fouette les vignes et les arbres fruitiers avec une violence désastreuse.

Le verger ne tarde pas à être envahi par de nombreux villageois curieux de contempler de près un ballon. Ils semblent joyeux. Ce spectacle les amuse beaucoup.

Mais un homme que cela n'amuse guère, c'est le propriétaire du verger, un gros Monsieur qui accourt vers nous les bras levés au ciel en criant : « Les gendarmes ! Les gendarmes! »

Cependant, le premier moment de stupeur passé, il change d'attitude. Il devient même aimable, s'enquiert de nous et met ses domestiques à notre disposition. Il nous invite à prendre un peu de nourriture et à nous reposer.

Notre matériel est replié sans trop d'avaries et porté à la gare de Grenoble.

Nous nous rendons alors au télégraphe pour envoyer à Paris une dépêche annonçant que nous avons atterri sans accident.

Mais la receveuse des postes, une délicieuse

personne, ma foi, nous déclare qu'à son grand regret il lui est impossible d'expédier notre télégramme.

« C'est bien vous, n'est-ce pas, Messieurs, nous dit-elle, qui étiez tout à l'heure dans le ballon ?

— Oui…

— Eh bien ! vous avez coupé les fils télégraphiques et les communications sont interrompues. Il faut que vous alliez jusqu'à Grenoble.

Nous regagnons alors le logis de notre hôte malgré lui, quand au tournant d'un chemin nous croisons une délégation de jeunes filles qui viennent à nous en souriant.

L'une d'elles nous remet un joli bouquet de fleurs de la montagne tout en nous adressant un petit compliment charmant de naïveté et de fraîcheur. Cela, je m'en souviens, débutait ainsi : « aux nouveaux hôtes qui nous descendent du ciel ».

Cette délicate attention nous touche beaucoup et nous remercions les jeunes filles de leurs fleurs et de leurs bonnes paroles. Le bruit de notre arrivée s'est répandu dans le village ; on nous guette sur le seuil des portes et c'est à qui nous offrira un verre de liqueur de la vallée.

Fort heureusement Sassenage n'est pas très grand ; sans cela je me demande ce qui serait advenu de nos estomac sous la fréquente avalanche des chartreuses offertes et acceptées.

Dans la soirée notre hôte qui ne nous gardait pas rancune des dégâts que nous avions occasionnés à son verger nous faisait reconduire à Grenoble et le lendemain matin nous étions à Paris.

VIII

CONCOURS D'ALTITUDE

Craintes prématurées. Le Comité exige des concurrents de sages précautions. Départ émouvant. A la conquête de l'altitude. Un duel de ballons. Les bienfaits de l'oxygène. Maison perd connaissance. Effet de l'altitude sur le champagne. A 7 000 mètres. La descente et l'atterrissage. Le classement.

Nous sommes au concours d'altitude. Une foule curieuse se presse dans l'aérodrome de Vincennes, qu'un chaud soleil de septembre baigne de ses rayons. Les ballons s'étalent mollement au milieu de la pelouse en attendant qu'ils s'élèvent au-dessus des nuages les plus lointains pour se perdre à des hauteurs inconnues dans la solitude du ciel bleu. C'est la dernière épreuve de ce genre. Aussi les concurrents ont-ils les plus grandes libertés : les handicaps sont supprimés, les ballons les plus gros peuvent prendre part à la course.

Depuis quelques jours déjà la presse s'occupe de ce concours et consacre de longs articles, des articles émus même à cette épreuve dangereuse. On n'a garde d'omettre et de remémorer toutes les phases du terrible drame aérien dans lequel Crocé-Spinelli et Sivel périrent et certains « alarmistes » se demandent anxieusement s'il ne se trouvera pas un *Zénith*[1] parmi les ballons qui vont disparaître dans les grands espaces mystérieux.

Le Comité des concours de Vincennes est lui-même peu rassuré et je sais des organisateurs qui n'ont eu de tranquillité que lorsqu'ils ont pu définitivement constater que toutes les ascensions s'étaient heureusement terminées. Il faut d'ailleurs reconnaître que ce Comité a pris toutes les précautions possibles pour éviter les catastrophes redoutées.

C'est ainsi qu'il oblige tous les concurrents à emporter dans leur nacelle des tubes d'oxygène comprimé, que, dans les hautes régions, les aéronautes devaient respirer. Mais il s'agit encore — j'en ai fait l'expérience — de savoir respirer cet oxygène. C'est plus difficile qu'on ne le croit généralement.

Les concurrents sont aussi obligés sous peine de disqualification d'effectuer leur descente avec une vitesse moyenne inférieure ou tout au plus égale à un kilomètre en quatre minutes...

[1] C'était le nom du ballon que montaient Crocé-Spinelli, Sivel et Tissandier.

Cette sage précaution a pour but d'empêcher les aéronautes imprudents de se démunir de tout leur lest pour atteindre les plus fortes altitudes et d'être ensuite entraînés dans une vertigineuse descente. Cependant, je le répète, le concours n'en demeure pas moins très dangereux. Les concurrents sont nombreux et il faut s'attendre à des imprudences... Chacun voudra dépasser ses adversaires et on sait où peut entraîner une émulation irraisonnée.

Les aéronautes qui prennent part à cette course sensationnelle ont déjà fait leurs preuves dans des concours précédents mais on connaît aussi certains audacieux auxquels le désir de vaincre fait oublier tout souci de conservation.

Aussi est-ce avec un sentiment de vive satisfaction que le Comité enregistre l'abstention de notre camarade Jacques Faure. Le ballon dont il devait disposer avait un cube très inférieur à celui des autres aérostats et ce n'eût été qu'au prix des plus extravagantes imprudences qu'il eût pu atteindre les mêmes hauteurs que les autres concurrents. Comme notre ami Jacques Faure, sportman dans l'âme, ne recule devant rien quand la victoire est à ce prix, le Comité tout entier frémissait à l'idée qu'il dût prendre part à la course.

Les autres concurrents sont : de Castillon dans un ballon de 1 600 mètres, Lachambre dans un ballon de 1 200, Corot dans un de 1 700, de La Valette dans un de 950, Balzon dans un de 900, Leloup dans un de 650. Puis viennent les gros aérostats, les seuls concurrents sérieux de la course, vrais mastodontes entre lesquelles va se disputer l'épreuve : le *Saint-Louis* le *Touring-Club* et l'*Horizon*.

Le *Saint-Louis* est un superbe ballon de soie qui cube 3 000 mètres ; il est monté par notre sympathique camarade Jacques Balsan aidé de l'aéronaute professionel Louis Godard.

Le *Touring-Club* cube 1 850 mètres. C'est un vieux routier qui a déjà sillonné l'atmosphère en tous sens et qui n'a plus assurément l'imperméabilité du *Saint-Louis*, mais il est monté par un aéronaute intrépide qui lui fera rendre tout ce qu'il peut donner. Enfin je monte moi-même en compagnie de M. Maison l'aérostat l'*Horizon*.

L'*Horizon* a un cube de 3 300 mètres. C'est le plus gros ballon de la flottille, mais c'est aussi le plus vieux ; il fuit comme une passoire, mais je n'en ai pas d'autre à ma disposition car mon brave *Centaure* qui ne cube que 1 600 mètres ne peut malgré toutes ses victoires, entrer en ligne avec un ballon deux fois plus grand.

Le concours d'altitude, en effet, diffère complètement des autres concours. Là, aucune science de l'équilibre, aucune étude des courants ; il n'y a qu'à jeter du lest, en jeter toujours, en jeter encore jusqu'à ce que l'aérostat ait atteint son point culminant ascensionnel. Il importe simplement d'en garder assez pour ne pas s'exposer à une descente trop rapide.

Aussi est-ce le ballon le plus gros et le mieux conditionné, c'est-à-dire léger et bien imperméable qui doit remporter la victoire.

Il est nécessaire aussi que l'aéronaute qui prend part à une expédition de ce genre ne soit sujet à aucun trouble cardiaque. Autrement ce serait s'exposer à une mort presque certaine.

En somme, au point de vue sportif, l'ascension en altitude ne présente guère d'intérêt ; elle est très importante, au contraire, au point de vue scientifique, à la condition toutefois que l'aéronaute ait la force de faire des observations soit physiologiques soit météorologiques. Mais il faut une très grande prudence et beaucoup de sang-froid. Quand on se sent oppressé on doit interrompre tout travail et respirer de l'oxygène.

Je demande pardon au lecteur de m'étendre sur ces détails un peu arides, mais ils sont nécessaires et de nature à bien éclairer les profanes sur les dangers des ascensions de ce genre.

Je passe maintenant au récit de la course.

Sept ballons ont déjà quitté l'aérodrome de Vincennes, quand on me prévient que mon tour est arrivé. Maison et moi nous prenons place à bord de l'*Horizon* et des sapeurs aérostiers transportent le véhicule aérien jusqu'à l'endroit où doit s'effectuer le départ.

La température est chaude ; le thermomètre marque 21° au-dessus de zéro.

Autour de nous des amis un peu inquiets s'empressent et nous serrent les mains. Ils nous disent « au revoir » d'une voix qu'ils essaient d'affermir mais qui tremble cependant d'émotion.

« Surtout pas d'imprudence, nous dit-on...

— Ne vous aventurez pas trop haut. »

Mme Maison fendant la foule vient embrasser son mari et se tournant vers moi elle semble du regard me prier de bien veiller sur une existence qui lui est chère...

Je la rassure de mon mieux et lui promets formellement d'user de la plus grande prudence.

Il est 2 heures et demie. Tous les préparatifs sont terminés. Le commandant Renard d'une voix brève, donne le signal du départ et l'*Horizon* s'élève lentement se dirigeant vers l'est.

A peine sommes-nous en l'air que nous apercevons devant nous, sur une même ligne, les concurrents qui nous ont précédés et semblent ainsi, jalons mobiles, nous tracer la route que nous allons suivre.

Maison jette un premier sac de lest puis d'instant en instant il renouvelle cette opération et nous montons d'une façon continue.

A 3 heures et demie nous avons déjà atteint l'altitude de 2 200 mètres. Nous traversons alors une bande de brume légère semblable à un ruban de gaze.

A 4 heures, nous avons atteint 3 500 mètres. Nous lisons les hauteurs auxquelles nous arrivons sur un baromètre enregistreur Richard, mais cet instrument est plus ou moins bien réglé ; aussi verrons-nous la hauteur que nous avons cru atteindre définitivement un peu réduite quand, au retour, le baromètre aura été contrôlé sous la cloche d'une machine pneumatique.

Cependant, comme ce récit est la transcription exacte de mon livre de bord, je ne changerai pas les hauteurs qui y sont indiquées, me contentant de signaler en terminant l'altitude réellement atteinte.

Ce récit conservera ainsi plus de saveur, car il sera la relation fidèle des notes écrites sous l'impression des sensations que nous éprouvâmes dans cette lutte pour la conquête de la haute atmosphère.

A 4 heures 10, nous sommes à 4 000 mètres d'altitude ; nous nous portons à merveille, mais je commence néanmoins à respirer l'oxygène. Je n'en ressens nullement le besoin mais je préfère absorber un peu de ce gaz vivifiant pour ne pas être surpris par des étourdissements.

Dix minutes plus tard nous avons atteint 4500 mètres. Malgré mes conseils, Maison refuse d'absorber de l'oxygène ; il ne ressent aucun malaise et craint, en en respirant d'avance, d'en atténuer les effets et de ne plus être soulagé quand il en aura vraiment besoin. Tel n'est pas mon avis, mais devant l'entêtement de mon compagnon je n'insiste pas.

4 heures 30. — 4600 mètres. Notre montée se poursuit lentement. La brume légère qui nous enveloppait s'est dissipée et la terre, telle une immense carte déployée à nos pieds, nous apparaît sous la lumière étincelante du soleil. Notre vue embrasse à la fois Coulommiers, Château-Thierry et Meaux que relient des routes blanches coupées çà et là par la masse sombre des forêts.

Penchés sur la nacelle nous sommes tout à l'admiration de ce grandiose panorama quand soudain une détonation retentit ; un flot écumant se répand autour de nous. C'est le bouchon d'une bouteille de champagne qui vient de sauter sous l'effet de la diminution de la pression extérieure et le bienfaisant liquide inonde la nacelle, au grand désespoir de Maison qui ramasse la bouteille et en porte le goulot à ses lèvres interrompant ainsi un arrosage inutile.

Trois aérostats planent en ce moment devant nous à des altitudes qui nous semblent prodigieuses. Deux de ces ballons marchant côte à côte se détachent nettement sur l'écran bleuté de l'azur. On voit qu'ils luttent et cherchent à se dépasser. A n'en pas douter, ce sont le *Saint-Louis* et le *Touring-club.*

Le combat est vif et ce duel d'altitude ne manque pas de grandeur. De toutes les nacelles qui en ce moment sillonnent la nue on observe ces deux bulles de gaz auxquelles sont suspendues des êtres humains qui affrontent hardiment les régions où n'atteignent point les condors.

Le *Saint-Louis* dont les flancs clairs resplendissent au soleil semble un moment devoir l'emporter mais le *Touring-Club*, dont la couleur sombre atteste les campagnes, parvient à la hauteur de son rival et le dépasse. A quelle altitude sont en ce moment les deux titans ? Il est impossible de l'apprécier.

Mais voici que le *Touring-Club* semble hésiter ; son mouvement ascensionnel s'arrête puis le voilà qui redescend lentement d'abord et que peu à peu sa vitesse s'accélère et devient vertigineuse.

Ce n'est plus un aérostat qui descend c'est un

bolide qui fend l'espace. Que s'est-il donc passé ?

Une crevaison est-elle donc venue arrêter M. Juch-mès au moment où il allait remporter la victoire ?

Le spectacle est terrifiant.

Pendant ce temps, le *Saint-Louis* toujours fière-ment équilibré dans les airs continue sa montée vers les régions inaccessibles.

4 *heures* 10. — Nous venons d'atteindre 5 000 mè-tres. Le *Saint-Louis* qui se maintient à une altitude supérieure à la nôtre commence à son tour à des-cendre : mais cette descente n'a rien de comparable à celle du *Touring-Club* ; elle s'effectue lentement. L'aérostat passe à notre hauteur puis continue pai-siblement sa marche vers la terre pendant que l'*Horizon* s'élève toujours.

Bientôt nous planons seuls dans l'immensité. Je continue à absorber de l'oxygène. Maison qui n'éprouve aucun malaise ne veut toujours pas m'imiter.

4 *heures* 50. — 5 700 mètres.

Mon compagnon de nacelle vient de ressentir une légère faiblesse dans les jambes et il se décide enfin à porter à ses lèvres le tube d'oxygène. Il est immé-diatement rétabli et continue gaiement la manœuvre des sacs de lest. Au-dessous de nous, tels de gigan-tesques balles de coton, roulent de gros cumulus...

4 *heures* 55. — Le baromètre enregistreur vient

de franchir la ligne marquant 6 000 mètres. Sous l'influence bienfaisante de l'oxygène je n'éprouve encore aucun malaise. Je donne à Maison l'ordre de jeter le contenu d'un sac.

Mon compagnon s'exécute aussitôt mais à peine a-t-il soulevé son sac et l'a-t-il déposé sur le bord de la nacelle qu'il tombe sans connaissance...

Je lui enfonce immédiatement l'embouchure du tube d'oxygène dans la bouche et lui envoie un jet de gaz.

Il était temps... et je suis pris d'une inquiétude soudaine en songeant que si je m'étais trouvé mal au même instant, il m'eût été impossible de le secourir.

Quelques secondes après Maison ouvre les yeux et paraît tout étonné de se trouver en ballon.

« Qu'y a-t-il donc ? me demande-t-il effaré.

— Il y a que vous étiez tout simplement en train de tourner de l'œil...

— Tiens, c'est drôle... il me semble que je viens de dormir... je faisais même des rêves fort agréables...

— N'empêche pas que sans l'oxygène vous étiez mort...

— Eh bien, il doit être doux de mourir ainsi car je vous assure que je n'ai ressenti aucune douleur. Ah ! ce serait là un suicide agréable ! malheureusement, il n'est pas à la portée de tous... »

Et Maison tout ragaillardi se remet avec courage à la manœuvre des sacs de lest, mais il a bien soin de ne plus lâcher son tube d'oxygène.

5 *heures* 10. — 6 800 mètres. Nous sommes tous deux très dispos.

5 *heures* 15. — 7 100 mètres...

5 *heures* 20. — Nous venons d'atteindre 7 200 mètres. La température est fraîche ; elle s'est abaissée à 12° au-dessous de zéro et nous supportons de gros manteaux. Nous nous maintenons quelque temps en équilibre entre 7 200 et 7 300 mètres et grâce à l'emploi continu de l'oxygène nous jouissons en toute tranquillité de cette promenade unique à travers l'atmosphère défendue. Ce gaz est décidément un merveilleux talisman contre le mal d'altitude. Depuis que Maison s'est, à contre-cœur, décidé à en faire usage, il est gai comme un pinson et sans l'embouchure du tube qui lui remplit la bouche je crois, ma foi, qu'il chanterait.

Nous examinons notre provision de lest. Nous n'avons plus que 180 kilogs et il nous faut conserver les sacs nécessaires pour remplir les conditions du programme afin de ne pas dépasser pendant la descente une vitesse de 1 kilomètre en 4 minutes. Nous terminons donc là notre mouvement ascensionnel et c'est bien à regret que nous prenons cette résolution.

5 *heures* 30. — L'abaissement de la température amène une condensation du gaz qui emplit l'*Horizon* et notre ballon se met à descendre doucement. Nous enrayons la vitesse de la descente en jetant de temps à autre un demi-sac de lest et l'aérostat regagne insensiblement les régions inférieures.

Nous voici revenus à 4500 mètres ; l'oxygène devient inutile. Nous remisons les tubes qui le contiennent dans un coin de la nacelle. La terre se rapproche, les objets que nous devinions tout à l'heure grossissent et se précisent et ce n'est pas sans plaisir que nous revoyons les champs, les bois et les maisons.

Notre guide-rope vient de prendre contact avec le sol. Des paysans accourent, le saisissent et l'attachent à un pommier.

Bientôt la nacelle touche terre et pendant qu'on la maintient solidement j'ouvre la soupape.

Notre voyage est terminé. Nous venons d'atterrir dans le département de l'Aisne entre Romigny et Villers-Agron.

. . . .

Quelques jours après, le jury des concours de Vincennes m'informait qu'après vérification, l'altitude atteinte par l'*Horizon* avait été ramené à 6 820 mètres et que j'étais classé troisième.

Concours d'altitude pour ballons libres montés non handicapés du 23 septembre 1900.

(Tableau officiel des résultats.)

ORDRE des départs.	NOMS des concurrents.	CUBE des ballons.	POINT d'atterrissage.	PRESSIONS minima.	TEMPÉRATURES minima.	ALTITUDES maxima.	OBSERVA-TIONS	PRIX décernés par le jury.
		m. c.		mill.		mètr.	Pression à terre 767 mm à l'altitude. Température + 21° } de 60 m. Les altitudes maxima sont prises par rapport au niveau de la mer.	
1	J. Faure	1 616	Saint-Crépin-aux-Bois (Oise)	580,6	+ 15°	2 433		»
2	De Castillon de St-Victor.	1 630	La Croix (Aisne). . . .	406,3	— 5°	5 281		»
3	Balsan	3 000	Passy-Grigny (Marne) .	268,4	— 21°	8 417		1er prix.
4	Juchmès	1 843	Brasles (Aisne)	330,8	— 12°	6 867		2° prix.
5	Lachambre	1 166	Nanteuil (N.-D.) (Aisne).	400	— 6°	5 400		»
6	Corot.	1 730	Neuilly - Saint - Front (Aisne)	528	+ 15°	3 252		»
7	De La Valette. . .	950	Cugny (Aisne).	600	+ 16°	2 860		»
8	De La Vaulx . . .	3 300	Romigny (Marne) . . .	333,2	— 12°	6 820		3° prix
9	Balzon	900	Compiègne (Oise) . . .	606,7	+ 17°	2 010		»
10	Leloup	650	Chevrières (Oise). . . .	565	+ 14°	2 860		»

Le tableau ci-contre indiquera les hauteurs contrôlées atteintes par les divers concurrents.

En résumé, nous avons accompli un voyage très agréable et des plus instructifs.

Cette ascension nous a montré que les hautes régions peuvent être atteintes sans danger si l'on a soin de prendre certaines précautions.

On a vu le rôle que l'oxygène joue dans les ascensions de hauteur. Il est surtout nécessaire de ne pas être atteint d'affections cardiaques et je ne saurais trop recommander à ceux qui veulent tenter ce genre d'expédition de se faire au préalable examiner par un médecin. Enfin, on l'a vu par ce qui précède, il importe de conserver une quantité de lest suffisante pour effectuer une descente normale.

Faute de se conformer à ces indications, on s'expose aux pires catastrophes.

IX

DE FRANCE EN RUSSIE

Le départ de Vincennes. Promenade au clair de lune. Cumulus et halo. Le *Saint-Louis* et le *Centaure*. Une course aérienne. La traversée de l'Allemagne en ballon. Au-dessus des steppes. Un concert dans les marécages. L'atterrissage chez les Cosaques. Stupéfaction d'une femme russe. Deux aéronautes au poste. Le five o'clock du commissaire. Le général Plemianikoff. De Korosticheff à Paris.

LE mardi 9 octobre 1900, l'aérodrome de Vincennes était en pleine effervescence. Une foule bruyante, enthousiaste se pressait autour des aérostats dont la soie légère commençait à frisonner doucement sous les caresses de la brise et examinait, avec une curiosité mêlée d'intérêt, les frêles nacelles d'osier qui bientôt planeraient dans les airs, fuyant au-dessus des villes et des plaines, à la conquête du grand prix de l'aéronautique [1].

Dans l'assistance, on remarquait un grand nombre

[1] C'est en effet le dernier des concours aérostatiques de l'exposition universelle de 1900 : seuls les concurents déjà primés dans des épreuves précédentes peuvent y prendre part et de cette dernière victoire dépend l'attribution du Grand Prix de l'Aéronautique.

de membres de l'Aéro-Club venus pour encourager par leur présence et leurs applaudissements les camarades qui partaient pour la lutte suprême.

Parmi les concurrents déjà primés dans les précédentes épreuves, quatre appartenaient à notre société : Jacques Faure, Balsan, Hervieu, Maison et moi. Le seul qui ne fît pas partie de l'Aéro-Club était M. Juchmès qui durant les concours a fait preuve d'une énergie et d'un courage vraiment remarquables.

A 4 heures et demie de l'après-midi tous les ballons sont dressés sur leurs cercles et déjà la flottille aérienne se balance mollement, telles de légères corvettes impatientes de prendre la mer.

Le gonflement du *Centaure* n'ayant pu se terminer entièrement avec de l'hydrogène, on a été obligé d'avoir recours au gaz d'éclairage [1]. Dans ces conditions, le ballon enlève un poids de lest de 800 kilogrammes, provisions comprises, et non pas les 1100 kilogrammes que certains journaux par trop généreux lui avaient royalement octroyés.

A 5 heures, mon excellent ami Jacques Faure,

---

[1] Le gonflement final du *Centaure* comprend environ 1400 mètres cubes d'hydrogène et 230 mètres cubes de gaz d'éclairage, ce qui me permet de doubler presque la quantité de lest que j'aurai pu emporter avec un gonflement au gaz d'éclairage seul; en un mot je me suis handicapé pour équilibrer mes chances avec l'aérostat le *Saint-Louis* qui cube 3 000 mètres.

avec sa crânerie habituelle part seul dans le ballon l'*Aéro-Club*.

Puis c'est Jacques Balsan qui monte le ballon le *Saint-Louis* et qu'accompagne l'aéronaute Louis Godard, membre du jury des concours internationaux d'aérostation de Vincennes.

Chacun de ces départs est salué par les acclamations de la foule ; les chapeaux s'agitent, les bras se lèvent ; des vivats retentissent que répercutent au loin les échos du bois.

Enfin, c'est notre tour. Les mains se tendent vers nous[1] et quelques amis animés d'une sorte de pressentiment prophétique nous crient : Vive la Russie !

Nous les remercions, confiants dans leur augure, et à 5 heures 20 le vieux et vaillant *Centaure,* gonflé à outrance pour la lutte suprême et chargé de ses 800 kilogrammes de lest, s'élève dans les airs, étalant glorieusement, aux lueurs rouges du soleil couchant, les nombreuses blessures qu'il a reçues dans de précédents combats et que d'habiles et prestes mains ont cicatrisées à la hâte.

Nous nous élevons. Castillon et moi envoyons

---

[1] De Castillon m'accompagne dans ce voyage ; il avait été décidé entre nous deux, dès le commencement des concours, que celui qui aurait le moins de points avant la dernière épreuve renoncerait à courir pour le Grand Prix de l'Aéronautique et viendrait aider son ami pour la victoire finale.

alors un dernier adieu à nos amis que nous ne distinguons que difficilement mais dont les encouragements nous parviennent longtemps, d'abord vigoureux et sonores, puis faibles et mourants, légers comme le murmure d'une source. Nous sommes pleins d'espoir. Jusqu'à ce jour le *Centaure* n'a jamais connu la défaite et quelque chose nous dit que ce vieux et solide compagnon ne nous abandonnera pas au moment de la lutte décisive.

Nous prenons une direction nord-nord-est, et passons rapidement au-dessus de Fontenay-sous-Bois et de Rosny. Nous traversons la forêt de Bondy, naviguant à l'altitude moyenne de 700 mètres. Peu à peu, Paris se noie dans la brume et, comme autant d'étoiles, quelques lumières s'accrochent de ci, de là, vacillantes et timides, puis bientôt une immense clarté rougit l'horizon ; la grande ville semble flamber au milieu d'un vaste incendie qui projette sa lueur sur les plaines environnantes.

Un léger brouillard nous entoure ; nous jetons quelques poignées de sable et nous nous équilibrons à 1500 mètres. La lune brille d'une telle clarté que nous pouvons, sans le secours de nos lampes électriques, lire les chiffres et les indications gravées sur nos instruments.

La nuit s'annonce superbe ; de temps à autre quelques étoiles filantes rayent la nue et retombent en pluie scintillante, zébrant d'une lueur crue la voûte mauve du ciel.

Nous voguons comme perdus dans un rêve, l'esprit reposé et tranquille, confiant dans le succès de notre voyage.

Mais nous sommes bientôt arrachés à cette comtemplation béatifique par de terribles crampes d'estomac. La bête humaine qui s'est réveillée nous rappelle brutalement à la réalité.

« Tu n'as pas faim, toi, demande Castillon ?

— Si... quelle heure est-il donc ?

— Huit heures ! »

Et, pendant que je veille à l'équilibre du ballon, Castillon s'en va fourrager dans la soute aux provisions. Il en retire des œufs durs, un chapon, des poires et du raisin le tout accompagné d'une bouteille de vin blanc et d'une bonne fiole de Moët et Chandon extra-dry.

Le couvert est bientôt mis ; les genoux servent de table et les doigts de fourchettes. Le dîner se passe gaîment : nous ne craignons pas les importuns.

De temps à autre, cependant, des murmures montent de la terre comme pour nous rappeler que nous ne sommes que de pauvres évadés et que, si aujourd'hui nous avons des ailes, il nous faudra demain recommencer à ramper lentement au milieu des piétons et des voitures.

Parfois, une interpellation toute proche, un cri bien distinct parviennent à nos oreilles. C'est quelque concurrent qui marche dans notre sillage et nous souhaite une bonne nuit à travers les airs.

La brume qui couvrait la terre se dissipe peu à peu et nous voyons glisser sous nos pieds les plaines de la Champagne. Nous sommes à 1500 mètres d'altitude.

Voici Reims avec sa cathédrale du xiiᵉ siècle dont les deux tours éclairées par la lune s'écrasent imposantes et majestueuses, au milieu des maisons assoupies.

Un ballon nous suit depuis le départ sans être sûr de son équilibre ; il monte au-dessus de nous, pour venir ensuite raser le sol. On dirait un gigantesque oiseau de nuit à la recherche d'une proie.

Nous traversons la Suippe dont les eaux de cristal servent de miroir à la coquette Phébé, qui court devant nous, comme pour nous indiquer le chemin des régions inconnues que nous voulons atteindre.

Il est déjà minuit quand nous planons sur les étangs lumineux de Bairon et l'ombre du *Centaure* glisse sur les ondes silencieuses semblable à quelque mystérieux fantôme de légende.

Bientôt un immense canal coupe la terre en ligne droite ; nous consultons nos cartes et nous constatons que nous venons de franchir le canal des

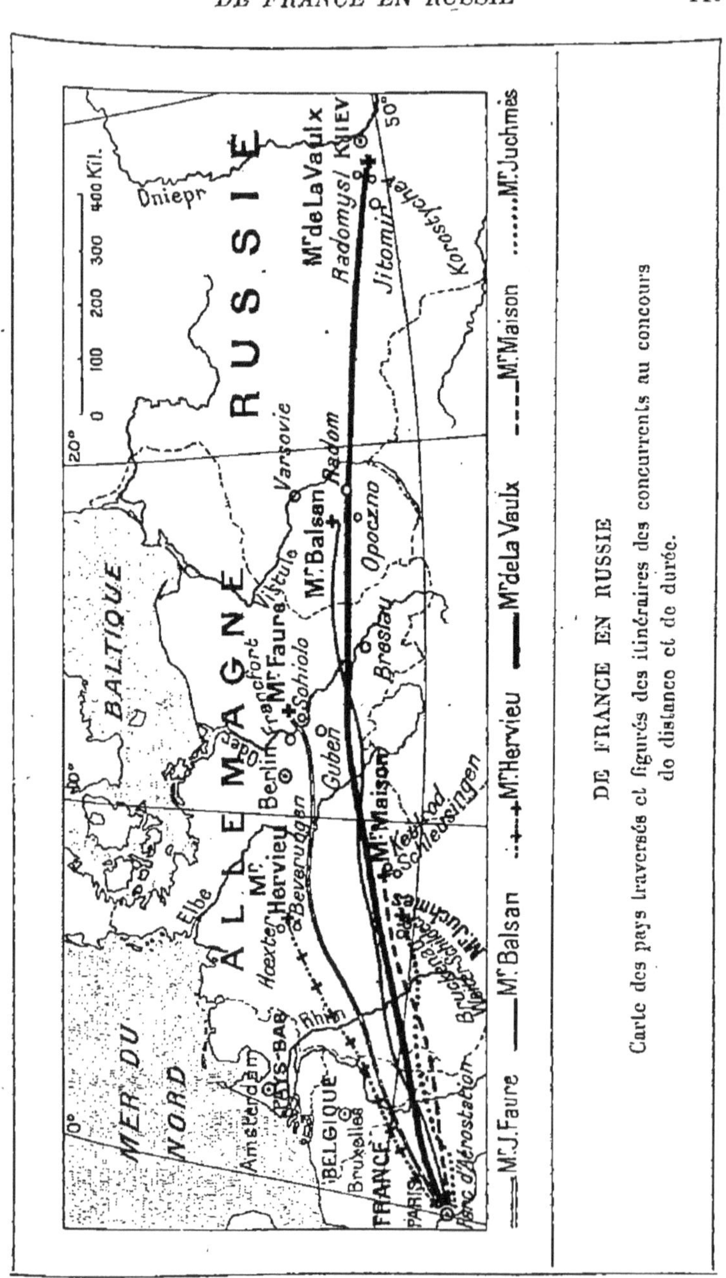

DE FRANCE EN RUSSIE

Carte des pays traversés et figurés des itinéraires des concurrents au concours de distance et de durée.

Ardennes. Quelques minutes après, au nord, nous apercevons Sedan où tremblottent quelques fugitives et tristes lumières. Enfin, nous voioi à la frontière. Devant nous se profilent les hautes futaies de la forêt de Bouillon que domine l'antique et sévère château des évêques de Liège.

Nos montres marquent deux heures du matin et, de tous les points de l'horizon, arrivent des cumulus blanchâtres, de gros nuages moutonneux qui roulent avec une effrayante rapidité. Nous sommes enserrés dans un cercle de brouillard qui s'épaissit de plus en plus, nous cache la vue du paysage qui fuit au-dessous de nous et, comme une trombe, nous aspire avec lui jusqu'à 2000 mètres. Puis ce brouillard qui semble se jouer de nous, disparaît peu à peu et nous revoyons la terre, mais pour quelques minutes seulement, car les brumes s'unifient bientôt au-dessous de notre sphéroïde. La lune nous apparaît entourée d'un cercle irisé que l'on appelle le halo, phénomène merveilleux dont les seuls aéronautes ont pu admirer l'imposante splendeur.

Pendant que je veille à l'équilibre du *Centaure*, Castillon sommeille un peu au fond de la nacelle.

Nous n'avons usé jusqu'ici que deux cents kilos de lest et si aucun accident ne vient entraver notre marche, nous avons les plus grandes chances pour passer dans les airs la journée entière et peut-être la nuit suivante. Aussi, est-il nécessaire que nous nous reposions, car si nous atteignons la seconde nuit nous aurons besoin de toutes nos forces.

Elèves d'une même école, celle de Maurice Mallet, Castillon et moi nous avons une méthode identique pour la conduite des aérostats et une confiance illimitée l'un dans l'autre ; quand l'un veille, l'autre dort tranquille.

Il est quatre heures et demie et du côté du levant la nue s'é-

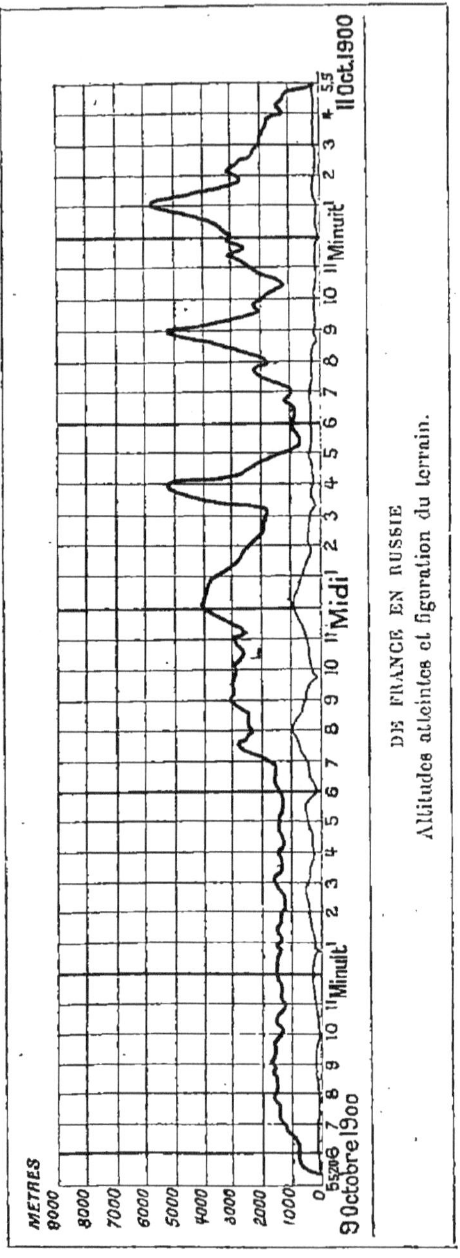

DE FRANCE EN RUSSIE

Altitudes atteintes et figuration du terrain.

claire déjà. C'est d'abord une lueur grise, imprécise, que perce bientôt un disque rouge qui ensanglante l'horizon. L'aurore se lève. A nos pieds la vie renaît et des bruits confus parviennent jusqu'à nous.

Cinq heures et demie ! Il fait grand jour. Sous l'action du refroidissement de l'atmosphère qui précède immédiatement l'apparition de la lumière, nous retombons à 500 mètres au-dessus du sol. De toutes parts des cris signalent notre présence ; nous cherchons à nous renseigner et nous hélons les gens que nous apercevons, au moyen d'un porte-voix ; mais hélas ! les paroles qui nous parviennent sont incompréhensibles.

D'ailleurs cela nous importe peu, car nous sommes certains de notre orientation.

Le pays que nous traversons est très accidenté. Les montagnes ont des aspects de ballons boisés, sillonnés de gorges abruptes. Nous devons être en pleine Saxe, au milieu de la chaîne de Thuringe.

A 6 heures 20, le soleil nous éblouit et monte lentement au-dessus de la ligne de l'horizon. Nous inspectons les environs et soudain nous apercevons derrière nous, à une altitude plus élevée que la nôtre un aérostat. Nous braquons nos jumelles.

« Ce doit être le *Saint-Louis*, dis-je à Castillon.

— Tu crois, répond mon compagnon. Il est bien loin et je n'oserai affirmer que c'est lui. »

Mais notre rival a disparu dans les nuages.

Sous l'action du soleil, le *Centaure* commence aussi son mouvement ascensionnel ; nous pénétrons au milieu des nuées et avons bientôt repris notre altitude de la nuit, c'est-à-dire 1 500 mètres.

Nous retrouvons notre concurrent ; il nous suit, mais à une plus grande hauteur.

Tout à coup, les nuages se dissipent comme par enchantement et le *Saint-Louis* — car c'était lui — qui s'est rapproché de nous monte vers le zénith.

Nous voguons maintenant au-dessus de plaines immenses et nous dirigeons vers la Silésie.

Nous sommes en équilibre à 2 800 mètres.

Balsan grimpe toujours ; il jette du lest, nous dépasse et fuit dans la direction sud.

Un maudit nuage offrant l'apparence d'une masse de filaments ténus — un cirrus — vient malignement s'interposer entre le soleil et le *Centaure* et nous force à jeter notre treizième sac de lest, puis le quatorzième, puis le quinzième. Nous montons alors à 4 000 mètres. La température devient moins clémente, le thermomètre fronde marque — 4° ; nous nous maintenons quelque temps à cette altitude et commençons à respirer de l'oxygène.

Il est alors une heure de l'après-midi et de gros cumulus viennent encore nous masquer le soleil : nous sommes précipités en descente mais parvenons cependant à nous équilibrer dans les régions basses vers 1 800 mètres.

La *Saint-Louis* que nous apercevons, toujours subit comme nous les variations atmosphériques ; il paraît tout à coup emporté dans une chute vertigineuse, puis un moment après, il regagne les hautes régions. La lutte entre les deux ballons devient vraiment curieuse. A un moment, nous sommes assez près pour nous parler. Mais bientôt le *Saint-Louis* qui d'après notre estimation est monté à 7 000 mètres retombe assez rapidement. Il arrive à notre niveau puis continue son mouvement « descensionnel ». Il paraît marcher au guide-rope. Nous suivons ses évolutions avec intérêt ; mais nous le perdons enfin de vue.

Nous voilà maintenant au-dessus de Breslau ; nous traversons l'Oder, puis tout doucement, sans jeter aucun lest nous remontons insensiblement ; notre course s'accélère et nous franchissons de nouveau les brumes.

Il est à ce moment 3 heures 35 : le thermomètre marque — 7°.

Soudain le *Saint-Louis* perce timidement le brouillard pour disparaître presque aussitôt. C'est la dernière fois que nous apercevrons MM. Balsan et Godard.

Notre mouvement ascensionnel continue ; à

3 heures 40 nous sommes à 4 700 mètres, à 3 heures 42 à 5 000 mètres, et à 3 heures 55 à 5 200. Le thermomètre marque — 12°.

Nous sommes obligés de respirer continuellement de l'oxygène et de prendre de temps à autre une gorgée de cognac.

Nous nous maintenons pendant quelques minutes dans cette position trop élevée puis nous redescendons. Une condensation rapide s'est produite. Le *Centaure* aux flancs tout à l'heure encore bombés et luisants devient flasque et regagne les couches inférieures de l'atmosphère. Sans interruption Castillon et moi nous jetons par-dessus bord des louches à potage pleines de sable. Vous ne vous attendiez peut-être pas à voir la louche en cette affaire. Eh bien, c'est par excellence la mesure du lest en ballon et j'en revendique avec mon ami Castillon la première application.

Enfin, nous parvenons à enrayer notre descente à l'altitude de 2 500 mètres. La température s'est heureusement radoucie, le thermomètre ne marque plus que 4° au-dessous de zéro. Nous planons sur la Russie.

4 heures 25. — Le soleil vient de se coucher et il nous reste en tout 6 sacs de lest, c'est-à-dire 150 kilos. Nous n'en décidons pas moins de nous lancer dans la nuit et de marcher jusqu'à épuisement complet de nos forces.

Nous descendons lentement, jetant de temps à autre une louche de sable. A 7 heures 25, nous ne sommes plus qu'à 700 mètres d'altitude.

Nous traversons un pays d'immenses plaines où les hurlements du vent se mêlent à ceux des loups.

Nous profitons de l'équilibre qui s'établit pour manger un peu, mais nous n'avons pas grand appétit car nous sommes exténués de fatigue.

Pour comble de malheur des nuages noirs roulent autour de nous d'une façon inquiétante et bientôt des éclairs illuminent les ténèbres.Le tonnerre gronde... C'est l'orage. Il est encore loin de nous et semble fort heureusement suivre une direction opposée à la nôtre, mais nous craignons à chaque instant d'être attiré dans son tourbillon.

Enfin, un calme relatif s'établit et j'en profite pour me reposer quelques minutes. J'étais déjà en train de sommeiller quand Castillon me réveille.

« Dis donc ? ça va mal.

— Qu'y a-t-il ?

— Le *Centaure* fait des siennes. Voilà que sans nous prévenir, il rebondit vers les régions supérieures.

— Ah, diable ! »

Et en effet, nous montons ; nous atteignons bientôt 5 000 mètres et nous sommes saisis par un froid glacial. Nos manteaux ne nous suffisent plus et nous

nous enveloppons dans les bâches du ballon tout en respirant force oxygène et en souhaitant la fin de cette montée plutôt désagréable.

Heureusement que ce pauvre *Centaure* contre lequel nous pestions tout à l'heure redescend tout doucement ; il met plus d'une heure pour revenir à la cote de 700 mètres.

Nous dormons à tour de rôle Castillon et moi mais nos quarts sont de plus en plus courts et le pilote de service à toutes les peines du monde à réveiller son compagnon qui fait la sourde oreille et ne se décide qu'en geignant à sortir du fond de la nacelle. Celui qui veut arracher l'autre au sommeil est obligé de lui crier que le *Centaure* rebondit à 5 000 mètres. Et de fait, le vieux madré, se livre dans la nuit à un jeu de montagnes russes assez inquiétant et chaque fois, c'est à qui de nous deux se précipitera le plus vite sur les tétines du tube d'oxygène.

Pendant l'une de ces ascensions subites l'un de nous — et je n'ose dire lequel — eut l'idée de vendre le *Centaure* à notre arrivée en Russie. Nous allâmes même jusqu'à en discuter le prix, mais bientôt nous nous regardâmes tous deux, à la lueur de notre lampe électrique, comme des malfaiteurs qui viennent de tramer un abominable forfait.

Quel crime plus affreux, aurions-nous en effet pu commettre, que celui de vendre ce bon et glorieux *Centaure* qui devait nous mener à la victoire !

Au-dessous de nous, c'est une vraie cacophonie : des milliers d'oiseaux de marécage troublent le silence de la nuit et ce concert étrange aux sons discordants et criards, que domine par intervalles le croassement lugubre des crapauds, nous impressionne désagréablement.

Nous traversons en ce moment un coin des immenses et arides marais de Pinks dont les vases mouvantes ont enseveli plus d'un audacieux voyageur. Cette vaste contrée, qui a des centaines de lieues de superficie est aussi déserte qu'une pampa de Patagonie.

Et c'est là vraiment que l'on est forcé de reconnaître la supériorité des ballons qui peuvent audacieusement franchir ces espaces de mort si redoutés des faibles humains.

Maintenant vers l'est, les nuages ont des tons moins violents, moins sinistres. L'orage a complètement disparu et nous devinons déjà la fin des ténèbres. Peu à peu la terre apparaît... nous la distinguons de plus en plus. Encore quelques minutes et pour la seconde fois l'aurore viendra saluer le *Centaure*.

Des plaines, encore des plaines, toujours des plaines tachées çà et là de pauvres masures au milieu desquelles surgit soudain un monument surmonté de clochetons dorés et de dômes d'argent.

Ce sont les églises paroissiales étalant au milieu de la misère qui les entoure le luxe byzantin des empires d'Orient.

Nous sommes en pleine Russie.

Jusqu'où irons-nous ?

Il ne nous reste plus que deux sacs et demi de lest. Nous prévoyons que bientôt le soleil va nous chauffer et tenter de nous attirer à lui ; mais nous n'avons plus assez d'oxygène pour nous risquer dans les régions élevées. Aussi nous décidons-nous à poursuivre notre voyage le plus près possible du sol en « soupapant » continuellement pour compenser l'effet produit par la chaleur solaire.

Tout à coup de Castillon qui observe le large s'écrie.

« Une ville... »

C'est la première que nous découvrons depuis le matin. Nous braquons nos jumelles et nous apercevons bientôt que cette ville est bordée d'immenses forêts dont nous ne pouvons apercevoir les limites.

Nous nous concertons un instant, puis nous jugeons prudent de descendre dans les environs de cette cité inconnue, car qui sait ? avec le peu de lest qui nous reste, quand nous pourrons en atteindre une autre...

Le guide-rope touche terre et nous arrivons vers une sorte de faubourg. Notre corde traîne sur les toits de chaume qu'elle cingle vigoureusement au grand émoi d'êtres barbus, hirsutes, qui lèvent les bras vers nous en vociférant des phrases inintelligibles. Sont-ce des menaces? On le dirait, à en juger par l'expression plutôt rude des physionomies.

Nous traversons ce faubourg et atteignons la orêt.

Le guide-rope accroche d'arbre en arbre ; la corde d'ancre est déroulée. Dès que nous arrivons à une clairière, je jette l'ancre qui mord sur un gros arbre fourchu, tandis que Castillon tire de toutes ses forces sur la soupape.

La nacelle touche terre doucement et le ballon à demi dégonflé s'incline dans un dernier salut.

Le *Centaure* expire ; notre voyage aérien est terminé !

Alors, de tous les coins de la forêt, à travers les buissons, de dessous les hautes futaies surgissent des hommes et des femmes. Les premiers vêtus d'une longue tunique serrée à la taille, de pantalons bouffants et chaussés de bottes se précipitent à notre appel et, de toutes leurs forces, maintiennent la nacelle.

Les femmes se mettent à jaser tout en nous examinant curieusement. Leur costume est des plus pittoresques; elles portent comme les hommes d'amples tuniques, mais leurs bottes plus élégantes sont en cuir rouge et jaune.

Nous avons, bien entendu, beaucoup de mal à nous faire comprendre. Cependant une habile pantomime supplée au langage.

Ce qui intrigue beaucoup les femmes, c'est la peau de bique dont je suis revêtu; l'une d'elles en tire les poils avec curiosité; aussi quand je l'ôte, sa stupéfaction est-elle grande.

Elle me prenait sans doute pour quelque phénomène, moitié ours, moitié homme, ou pour quelque habitant de la lune en villégiature dans les steppes.

Les hommes rirent de sa naïveté.

Après des signes et des signes, des gestes et des clignements d'yeux nous parvenons à faire comprendre à deux moujiks que nous désirons monter dans leur charrette pour aller jusqu'à la ville. Ils acceptent et nous nous installons dans une sorte de véhicule tout en bois sans ressorts, attelée de deux poneys gris. En route, je déplie une carte et j'essaie de me faire indiquer le point de notre atterrissage. Mais ces braves gens n'ont que des notions très vagues en géographie; tandis que l'un m'indique les environs de Moscou, l'autre met le doigt sur Bucarest. Devant ces renseignements plutôt contradictoires, je repliai ma carte. Nous cherchons aussi à faire comprendre à nos guides que nous désirons être conduits à l'hôtel; ils ont l'air de saisir notre demande. Aussi sommes-nous fort étonnés quand les moujiks, au lieu de nous arrêter devant une auberge, nous font descendre devant un poste de police. Nos guides étaient deux agents de la sûreté.

Le chef du poste nous reçut d'une façon charmante. Au lieu de nous faire subir un fastidieux interrogatoire — ce qui lui eût été difficile car il ne parlait pas français — il nous présenta à sa femme et à ses filles et nous fit comprendre d'un geste aimable que nous étions prisonniers.

Puis, il sortit d'un air mystérieux en nous faisant signe d'attendre.

Pendant son absence sa femme très gentiment nous roula des cigarettes et nous offrit du thé.

Ce five o'clock, dans un poste, ne manquait pas d'imprévu, mais nous étions quelque peu inquiets. Nous fîmes néanmoins bonne contenance et répondîmes par de gracieux sourires aux amabilités de Mme la Commissaire.

Enfin, au bout d'une heure, notre geôlier revenait et nous priait de le suivre. Il nous conduisit à travers la ville, au milieu d'une foule bizarre qui formait la haie sur notre passage et qui nous dévisageait d'un air menaçant. Peut-être nous prenait-on pour des voleurs ou des espions.

Devant une maison fort coquette entourée d'un grand parc nous nous arrêtons.

Le chef de police nous fit entrer et bientôt nous étions présentés à un homme âgé qui nous reçut très correctement.

« Messieurs, nous dit-il, en excellent français, vous êtes ici chez vous, Je suis le général Ple-mianikoff et je suis prêt à vous rendre service. Vous êtes, je le sais, des aéronautes ; de plus vous êtes Français. Au double titre de la science et de la nationalité, je vous souhaite la bienvenue... »

Nous nous inclinâmes et le général nous tendit la main.

Les présentations terminées je demandai au général où nous étions.

« Vous êtes très loin de Paris, nous dit-il en souriant. Vous vous trouvez ici à Korostichef dans la province de Kiew, capitale de la petite Russie, en pleine Ukraine, chez les Cosaques du légendaire Mazeppa et je suis certain que vous êtes les premiers aéronautes qui nous honorent de leur visite... »

Le général Plemiannikoff nous demanda ensuite des détails sur notre voyage et nous parla beaucoup de Paris où il vient chaque année.

Au bout d'une heure, nous voulûmes prendre congé de lui mais il nous fit remarquer que nous ne pourrions sortir de Korostichef sans autorisation et

Course de ballons du 9 octobre 1900. Concours
(Tableau officiel

NOMS des concurrents dans l'ordre des départs.	CUBES des ballons.	JOURS ET HEURES	
		Départ.	Arrivée.
	m. c.		
J. Faure . . .	1 616	9 oct. 5 h. 11 s.	10 oct. 12 h. 35 s.
J. Balsan. . .	3 000	— 5 h. 15 s.	10 oct. 8 h. 20 s.
Hervieu. . . .	1 610	— 5 h. 17 s.	10 oct. 1 h. 20 s.
De La Vaulx .	1 630	— 5 h. 20 s.	escale de 1 h. 30 11 oct. 5 h. 5 m.
Maison	1 166	— 5 h. 22 s.	10 oct. 10 h. 9 m.
Juchmès . . .	1 843	— 5 h. 25 s.	10 oct. 10 h. m.

D'après le tableau ci-contre établi par le Comité d'organisation des concours avec la plus grande exactitude, le jury rend les jugements suivants :

CONCOURS DE DURÉE

1er prix : plaquette de vermeil, prime de 1 000 fr., M. de La Vaulx.
2e prix : plaquette d'argent, prime de 500 fr., M. J. Balsan.
3e prix : plaquette de bronze argenté, prime de 200 fr., M. J. Faure.

CONCOURS DE LA PLUS LONGUE DISTANCE PARCOURUE

1er Prix : plaquette de vermeil, prime de 1 000 francs, M. de La Vaulx.
2e Prix : plaquette d'argent, prime de 500 francs, M. J. Balsan.
3e Prix : plaquette de bronze argenté, prime de 200 fr., M. J. Faure.

de durée et de distance au 2e degrés).
des résultats).

DURÉE de l'ascension.	POINT D'ATTERRISSAGE	DISTANCE de Vincennes.	ALTITUDE maxima.
		kil.	mètres.
19 h. 24	Schildo. Cercle de Cuben Brandebourg, Allemagne.	950	4 560
27 h. 5	Opoczno, gt de Radom Russie.	1 345	6 650
18 h. 33	Beverungen. Cercle de Hoexter, Westphalie.	585	4 200
35 h. 45	Korostychew, gt de Kiew, Russie.	1 925	5 750
16 h. 38	Keulvod. Cercle de Schleusingen, Thuringe, Allemagne.	650	2 770
16 h. 35	Weiter Schildeck. Basse Franconie. Bavière.	550	4 000

D'autre part, le Jury décide que M. le comte de La Vaulx détient les records du monde de la durée et de la distance sans escale et il lui attribue le Grand Prix de l'Aéronautique.

Pour commémorer la course du 9 octobre, il décide en outre que la médaille d'or, remise à M. le comte de La Vaulx en souvenir du premier voyage en ballon de France en Russie portera aussi la mention de la course du 9 octobre et des records de durée et de distance.

Une médaille d'argent est décernée à son aide M. de Castillon de Saint-Victor pour cette même course.

Enfin M. Balsan reçoit une médaille en vermeil et M. Louis Godard son aide une médaille de bronze argenté. Ces médailles portent l'inscription France-Russie 9-10 octobre 1900.

Extrait du *Rapport du commandant Hirschauer*, rapporteur des concours d'aérostation de l'exposition universelle.

que nous serions ses hôtes tant que les formalités nécessaires n'auraient pas été remplies.

Le vendredi matin il nous remit le permis qui nous était indispensable pour quitter Korostichef et il nous fit conduire dans sa chaise de poste, à la gare située à vingt-huit verstes de sa demeure.

Le soir même nous étions à Kiew où on nous fit fête. C'était à qui nous aurait à déjeuner ou à dîner. Et dire que nous étions prisonniers !

Il faut avouer que les Russes ont une façon vraiment charmante de comprendre la captivité ; ils ont aussi des estomacs d'une rare capacité et je ne m'étonne plus maintenant qu'ils aient pu sans fatigue supporter, lors de leur venue à Paris, huit jours de festins sardanapalesques.

Enfin le lundi, le gouverneur de Kiew nous remettait nos passe-ports et le soir même nous nous dirigions vers la France, à travers la Russie, l'Autriche, le Tyrol et la Suisse ; nous subissions successivement les tracasseries de trois douanes.

Le vendredi matin seulement nous débarquions à Paris, après *quatre nuits et trois jours* de voyage...,

En trente-six heures à peine le *Centaure* avait parcouru le même chemin !

X

DE TOULON A PORT-VENDRES

A TRAVERS LA MÉDITERRANÉE

Comment fut organisée l'expédition du *Méditerranéen* I. La sortie des Sablettes. Au large avec le *Du Chayla*; un vent contraire. L'utilité des déviateurs. Castillon et les pigeons voyageurs. La rencontre de l'*Eugène Pereire*. La deuxième nuit à bord. Le commandant Serpette vient nous rendre visite. Quarante et une heures en mer. Le *Méditerranéen* accoste le *Du Chayla*.

DEPUIS longtemps déjà, je caressais une idée qui enthousiasmait les uns et faisait sourire les autres.

Je voulais, après avoir plané au-dessus des villes, des forêts et des steppes, m'élever au-dessus des mers...

« Ce que vous entreprenez est dangereux, me disaient quelques amis... Sur terre on peut toujours s'en tirer, mais sur l'immensité bleue... c'est autre chose. »

J'ai pour habitude de ne prendre conseil que de moi-même. Aussi ces avertissements consternés ne me firent-ils point abandonner mon projet.

J'allai trouver l'ingénieur Hervé celui que je considérais comme mon collaborateur indispensable.

Moins pessimiste que mes amis, Hervé accepta immédiatement ma proposition.

J'en fus d'autant plus heureux que je professe pour lui la plus profonde admiration. J'ai passé avec Hervé de longs mois et j'ai pu apprécier ainsi le jugement, l'intelligence et la loyauté de ce savant modeste.

Mon second collaborateur, vous l'avez deviné, c'était le comte Castillon de Saint-Victor, mon ami depuis de longues années, et mon fidèle compagnon d'aéronautique. Nous avons fait ensemble nos premières armes et nous avons toujours associé jusqu'à ces derniers temps nos efforts pour faire prospérer une science qui nous passionne. Il était donc tout naturel que je demandasse à Castillon de partager une fois de plus avec moi les hasards d'une nouvelle expédition. Sa réponse, est-il besoin de le dire, fut un oui énergique qu'accompagna une franche poignée de mains.

Mais il me fallait d'autres collaborateurs, des hommes possédant des connaissances maritimes. J'allais les chercher parmi les officiers de l'escadre de la Méditerranée quand, à quelques jours de distance, je reçus deux lettres. La première était du lieutenant de vaisseau Tapissier, ancien directeur du parc à ballons, à Lagoubran ; la seconde m'était envoyée par le lieutenant de vaisseau Genty qui avait succédé à M. Tapissier dans les délicates et savantes fonctions de directeur du parc de la marine.

Tous deux me demandaient une place dans ma

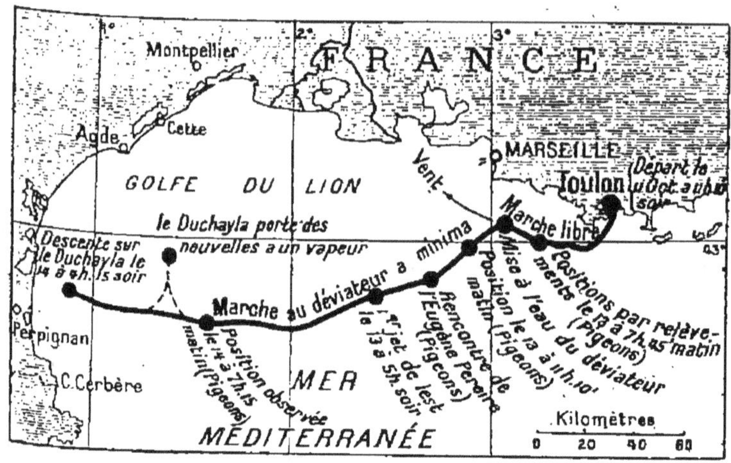

ITINÉRAIRE DU MÉDITERRANÉEN I

Dressé par le lieutenant de vaisseau H. Tapissier.

nacelle. J'acceptai avec empressement. Il fut décidé que Tapissier seul monterait à bord du *Méditerranéen*. Depuis, il est devenu mon ami et je suis fier de cette amitié.

Les membres de l'expédition étaient au complet, il fallait maintenant trouver un champ d'expériences.

Sur quelle mer évoluerions-nous? Sur l'Océan? Non, ses immenses solitudes et la zone équatoriale, zone des calmes plats et des orages incessants, devaient, dans l'état actuel de la science, offrir de trop grands dangers.

Sur l'océan Glacial tristement célèbre dans les annales de l'aéronautique depuis la disparition du malheureux Andrée? Certes nous passâmes toutes les mers en revue et finîmes par nous décider pour les mers intérieures…

Entre toutes, nous choisîmes la Méditerranée qui est à mon avis un « aérodrome » idéal. Cette mer est presque complètement fermée puisqu'elle ne trouve comme issue à ses eaux que Gibraltar d'une part et le canal de Suez de l'autre. La Méditerranée est sillonnée à toutes heures du jour et de la nuit par des navires de guerre et de commerce. L'intérieur de cet immense lac est encore semé de refuges pour les navigateurs en péril : La Corse, la Sardaigne, les Baléares, la Sicile. La Méditerranée en un mot, est une mer habitée au milieu de laquelle les zones de solitudes sont excessivement rares. D'autre part la traversée la plus large de la Méditerranée représente un parcours d'à peu près 1000 kilomètres, la moitié de mon record Paris-Russie : c'est donc faisable, puisque cela a déjà été fait.

En outre, et c'est la raison primordiale de notre choix, la Méditerranée est un lac français, qui, de jour en jour, tend à devenir plus étroitement nôtre ; il est donc intéressant de chercher par tous les procédés possibles à augmenter les moyens de communication et les moyens d'information de cette grande nappe d'eau.

Après un attentif examen de la côte, nous décidâmes de faire de Toulon notre quartier général. Cette partie du littoral n'est pas des mieux situées au point de vue météorologique, mais la présence de l'escadre de la Méditerranée et la proximité de l'arsenal de Lagoubran compensaient ces désavantages.

Notre champ d'action étant déterminé, il n'y avait plus qu'à se mettre au travail et à étudier de quelle façon on aborderait ce problème si complexe de l'aéronautique maritime.

M. Cailletet communiquait le 28 octobre 1901 à l'Académie des Sciences une note de mon collaborateur Hervé, exposant les recherches expérimentales qu'il faut poursuivre pour rendre accessible sans témérité aux aérostats les vastes étendues de la mer. Ces expériences portent sur quatre points principaux qui constituent les bases de l'aéronautique maritime. Ces quatre points sont les suivants :

1° L'équilibre dépendant, c'est-à-dire l'équilibre obtenu au moyen d'organes en contact temporaire ou permanent avec la mer ;

2° La dirigeabilité partielle dépendante obtenue dans les mêmes conditions et limitée sensiblement à la moitié de l'horizon ;

3° L'équilibre indépendant, c'est-à-dire l'équilibre réalisé à toute altitude requise sans communication avec la surface liquide ;

4° L'application des trois méthodes précédentes au système à dirigeabilité complète et indépendante.

Le matériel nécessaire pour résoudre ces quatre termes du problème général comporte autant de parties distinctes et dont l'expérimentation s'impose dans l'ordre indiqué sous peine de conduire à des catastrophes. Témoin le naufrage du Santos-Dumont n° 6 ; il serait funeste, en effet, de conseiller dans les conditions particulièrement rigoureuses des expéditions aéro-maritimes l'essai des méthodes de dirigeabilité et d'équilibre indépendant, sans avoir auparavant assuré la sécurité par la réalisation des fonctions dépendantes. Le problème de la navigation aéro-maritime tout en étant différent du problème de la navigation maritime doit suivre cependant une marche parallèle à la marche suivie par celle-ci ; des expériences rationnelles et progressives basées sur des faits valablement acquis s'imposent pour arriver à la solution complète des ballons dirigeables au-dessus des flots.

Avant de mettre aux navires des moteurs et des chaudières, on a d'abord cherché à leur donner une forme qui leur permette de s'équilibrer et de flotter à la surface des eaux ; puis on a utilisé les forces mêmes de la nature, c'est-à-dire le vent, pour diriger ces mêmes navires dans un certain secteur de l'horizon et leur faciliter ainsi l'approche ou l'éloignement d'une côte.

Longtemps après seulement on adapta le moteur mécanique au bateau.

Au cas où ce moteur cesse de fonctionner, le bâtiment a à sa disposition ses moyens primitifs, les voiles qui assurent sa sécurité et lui permettent de n'être pas une épave au milieu de l'immensité des océans.

Eh bien, quand le ballon dirigeable de l'avenir planera majestueusement au-dessus des mers, il pourra se trouver ramené complètement et d'une façon accidentelle (avarie des machines, épuisement de combustible, vitesse de vent très supérieure de sa vitesse propre), aux conditions des ballons ordinaires, sans préjudice de diverses circonstances aggravantes suscitées par sa constitution et par les difficultés spéciales de sa stabilité propre ; il lui sera donc nécessaire de posséder dans son organisme des moyens d'équilibre puissants, les stabilisateurs, et des moyens de dirigeabilité dépendante, les déviateurs. Il faudra, en un mot, qu'il puisse se transformer sous peine de catastrophe, en un bateau naviguant au plus près. Nos expériences n'intéressent donc pas seulement les ballons sphériques ordinaires, ils intéressent aussi les ballons dirigeables. Il est inutile de vouloir créer un antagonisme entre ces derniers et les ballons à déviateur et à stabilisateur ; ces deux méthodes s'allieront par la suite pour le plus grand bien de l'aérostation et nous espérons bien avoir l'honneur de cimenter cette alliance.

C'est dans cet ordre d'idées que M. Hervé a entrepris ses recherches d'aéronautique maritime et a imaginé dès l'année 1885 divers types de stabilisateurs et de déviateurs, et c'est aussi, dans cet ordre d'idées que nous avons préparé l'expédition du *Méditerranéen I*.

Dans cette expérience, nous avions décidé de n'aborder que les deux premiers termes de notre programme général : l'équilibre dépendant et la direction partielle dépendante, c'est-à-dire le problème de la sécurité des ballons en mer.

Pour bien vous faire comprendre, chers lecteurs, la portée de nos expériences, je vais être forcé d'entrer dans quelques détails techniques pour lesquels je réclame votre indulgence et votre patience.

Les stabilisateurs, inventés par Hervé, sont des appareils d'équilibre dépendant caractérisés par une puissance et une intensité absolument inusitées jusqu'alors ; le poids de ces appareils est calculé de manière à corriger toutes les perturbations verticales dont plusieurs sont par surcroît susceptibles de simultanéité. Il n'existait, auparavant, dans cette voie que le guide-rope marin de Green.

C'était une simple corde de 300 mètres que cet aéronaute avait rendue flottante au moyen de trois petites bouées imperméables. Or, ce guide-rope était, par sa grande longueur, par sa faible intensité, par sa résistance considérable, impropre à la correction successive des diverses perturbations statiques et dynamiques verticales, qu'un stabilisateur intensif est, au contraire apte à combattre énergiquement tour à tour ou simultanément. Hervé, fut aussi amené à établir sous le nom de lesteurs hydrauliques des appareils permettant de prendre pratiquement l'eau de mer en marche, au besoin à grande vitesse, à l'altitude nécessaire pour la sécurité, avec peu de travail et en quantité connue. Cet appareil venait compléter le rôle du stabilisateur.

Le premier essai effectué par Hervé à bord du *National* en 1886 indiqua ce que l'on pouvait espérer de ces dispositifs nouveaux. Le voyage du *Méditerranéen I* a montré qu'un aérostat ainsi armé est toujours certain de trouver maintenant à la surface de la mer le plan d'équilibre qui lui faisait défaut. La nacelle n'est plus exposée à subir l'assaut des vagues ; c'est une autre carène faite pour ce contact brutal qui se substitue à elle et lui permet pour ainsi dire de se reposer, comme certains oiseaux de mer, à la surface des flots.

Les stabilisateurs intensifs ne, sont donc nullement les organes d'une sorte de procédé de navigation systématique à fleur d'eau. Une de leurs fonctions, car ils en ont d'autres et d'aussi importantes, consiste seulement à procurer occasionnellement à l'aérostat un refuge statique où il peut venir ménager ses forces trop largement dépensées ailleurs. Tant que la valeur statique de ce lest perpétuel aura été réservée, la durée de la sustentation ne dépendra que de l'étanchéité de l'aérostat. Or, l'étanchéité des aérostats devient de jour en jour plus parfaite et la perte par endosmose ne dépasse guère 3 p. 100 par vingt-quatre heures. Aussi, peut-on sur cette base aborder sans imprudence l'expérimentation des méthodes d'équilibre indépendant. Ici, d'ailleurs, interviendra une autre fonction des stabilisateurs intensifs de grande puissance dont l'action, complémentaire de celle du ballonnet, limitera, en temps utile, sans dépense de lest, l'embardée descendante jusque-là si coûteuse des grandes oscillations verticales.

La question d'équilibre résolue, il importait de chercher à communiquer aux aérostats maritimes, par des moyens simples, un certain mouvement propre qui leur permît de s'approcher ou de s'éloigner d'une côte, d'un détroit, d'une route de navire et en général, d'une zone avantageuse ou dangereuse du large ou du littoral ; c'est là le rôle du système déviateur d'Henri Hervé qu'il a appliqué pour la première fois en 1886 au *National*.

Le déviateur Henri Hervé peut se définir : un « paradérive » dirigeable par analogie très exacte avec le parachute dirigeable. Deux principaux moyens se présentaient de communiquer une vitesse propre à un aérostat sans moteur : soit créer au moyen du retard produit par la résistance d'un organe passif, tel qu'un cordage traînant sur terre ou sur l'eau, un vent relatif agissant sur une surface aérienne oblique, comme le proposèrent Kratzenstein en 1784 et après lui Thilorier, Green, etc., et dont Lhoste et Andrée tentèrent plus tard l'expérimentation : soit d'obtenir directement sur un organe résistant actif, tel qu'un plan immergé et convenablement orienté, une composante propulsive.

Dans le premier cas, si la surface réagissante est une voile, ses proportions nécessairement réduites, la nature de la résistance dont les conditions d'équilibre du système modifient la valeur nécessaire et son mode d'action égal dans toutes les directions, rendent le procédé inefficace. Si la surface est celle de la carène elle-même d'une forme appropriée, on ajoute un danger à une impuissance.

Dans le second cas, qui est celui de nos appareils :

D'une part le choix pour l'organe résistant d'une forme orientable suivant un axe de moindre résistance, fournit sur l'organe retardateur une composante propulsive, non seulement gratuite mais réductrice de dérive par la translation de l'organe dans son plan, d'où une meilleure utilisation de l'inertie du fluide :

D'autre part, l'application du principe établi par Hervé de la séparation complète des fonctions résistance et équilibre, dévolues à des organes distincts, a pour effet de soustraire l'action retardatrice à la dépendance où elle se trouvait relativement aux modifications de l'équilibre et de procurer la stabilité de l'inclinaison, c'est-à-dire d'assurer la constance de l'angle vertical de traction en s'opposant aux embardées verticales dont « le rabattement » était auparavant la conséquence redoutable dans les circonstances souvent difficiles de la dérive retardée.

Le *National* n'est sorti idemnne, que grâce à nos appareils, de son dangereux voyage sur la mer du Nord, et nous avons pu apprécier sur le *Méditerranéen* pendant quarante et une heures consécutives toute la sécurité de leur emploi.

Maintenant que sont indiqués les principes des appareils du *Méditerranéen* je passe au récit moins aride de notre voyage.

Pendant qu'à Paris, Hervé s'occupait de la construction de nos appareils et que Tapissier étudiait la météorologie de la Méditerranée et cherchait le moyen le plus pratique de faire le point en ballon, Castillon et moi nous préparions l'organisation matérielle de l'expédition. Je me rendais à Toulon pour faire édifier en avant de la grande rade, sur l'isthme des Sablettes, le hangar qui nous était nécessaire pour abriter notre aérostat. Ce hangar qui ne mesurait pas moins de 35 mètres de haut sur 20 mètres de large était un véritable monument. Il présentait, en plus monumental encore, l'aspect de ces immenses abris que l'on voit dans les chantiers maritimes et qui protègent contre la pluie et le vent les croiseurs en construction.

Le 20 septembre 1901, toute l'expédition s'installait sur le littoral et Maurice Mallet, le constructeur du *Méditerranéen I* procédait au gonflement de l'aérostat au moyen d'un générateur sur chariot qu'avait bien voulu nous prêter l'établissement militaire de Châlais...

Certains obstacles que nous ne pouvions prévoir retardèrent et vicièrent la marche de nos opérations.

Enfin le 9 octobre, le *Méditerranéen I* est presque gonflé; le départ va pouvoir s'exécuter quand tout à coup survient une tempête épouvantable.

- Notre hangar balancé par le vent, menaçait de

s'écrouler. Des rafales secouaient en les faisant grincer les planches et les poutres. A un moment, un craquement sourd se fit entendre, nous crûmes que c'était l'échafaudage entier qui tombait. Un des contreforts de l'immense édifice venait de céder et de se briser déterminant dans toute la charpente un mouvement de torsion. Nous étions là, muets d'épouvante, impuissants contre cette force brutale.

Et la tempête ne s'apaisait pas. Elle continuait à faire rage, et nous regardions hébétés la mer qui roulait en hurlant à quelques mètres de nous ; je voyais déjà, dans mon imagination, le hangar s'effondrer au milieu des flots anéantissant dans sa chute toutes nos espérances. Ce furent pour nous des heures d'horribles angoisses.

Enfin, à l'aube, le ciel reprend sa sérénité et un grand calme succède au fracas inquiétant de la nuit. Nous nous remettons au travail, bouchons les trous que la chute de boulons et de tuiles avait occasionnés dans notre ballon. Le hangar est consolidé par les soins de notre charpentier et le générateur à hydrogène marche sans relâche pour terminer le gonflement. Le 12 octobre, le *Méditerranéen I* est de nouveau gonflé.

Cette journée fut pour nous une journée de fébrile activité. Nous allions Mallet, Castillon et moi, à travers les agrès qui jonchaient le sol, examinant chaque appareil, inspectant notre nacelle.

« Il manque un cordage ici, disait l'un.

— Et les provisions, faisait remarquer un autre.

— Mais vous voyez bien que tout est là dans ce coin », criait un troisième…

Les quelques heures qui précèdent un départ comme celui-ci passent avec une rapidité inconcevable ; on est si affairé, préoccupé, l'esprit est tellement tendu que le temps s'enfuit sans qu'on s'en aperçoive.

Enfin à 5 heures, l'aérostat muni de sa nacelle et complètement dressé sur son cercle remplit de toute sa masse imposante le hangar qu'il va bientôt quitter.

Au dehors, un murmure confus d'abord, qui bientôt s'enfle et devient clameur nous avertit que la foule est là, impatiente, attendant la sortie du *Méditerranéen I*.

Sur la plage, stationnent des milliers de personnes et autour de l'enclos réservé les gens s'écrasent ; bientôt un flot humain qu'il est impossible de refouler se rue vers le hangar.

Au moment du départ de nouvelles déceptions nous attendent. Le gaz fabriqué dans de mauvaises conditions n'a qu'une force ascensionnelle de 840 grammes au lieu des 1 100 sur lesquels nous comptions.

Il va donc falloir laisser à terre une grande partie de nos appareils. Alors, sous les yeux d'une foule impatiente et déjà anxieuse à l'idée que le spectacle qu'elle attend depuis si longtemps pourrait lui échapper, les membres de l'expédition se concertent et discutent...

Hervé est atterré et j'ai peine à regarder notre pauvre collaborateur forcé d'abandonner, au dernier moment, des appareils dont la mise au point lui a coûté tant de mois de travail.

Mais il faut prendre une résolution et agir vite car le temps presse.

Il est absolument nécessaire que le *Méditerranéen I* quitte la terre ce soir même. Demain une nouvelle tempête peut surgir et le hangar très ébranlé par celle du 9 octobre peut s'écrouler ensevelissant sous ses décombres notre ballon et tout son matériel.

L'expédition ne se présente plus sous les auspices favorables qui avaient marqué sa préparation...

Au lieu d'effectuer notre voyage dans les conditions prévues, nous allons partir privés de la plupart des éléments qui devaient nous assurer le succès.

Les résultats que nous obtiendrons ainsi n'en seront que plus probants.

Ce qu'il nous faut conserver avant tout, ce sont les appareils destinés à assurer notre sécurité, car il importe, pour l'avenir même de cette nouvelle branche de l'aéronautique que ce premier voyage ne se termine pas par une catastrophe.

Il est donc décidé que le gros stabilisateur du poids de 600 kilogrammes sera conservé coûte que coûte ; nous en passer ce serait compromettre fatalement, la réussite de notre expédition.

Cette décision prise, nous commençons à nous débarrasser, par rang d'utilité, d'une partie de notre matériel. Tout le confort est supprimé : nous abandonnons dans le hangar les hamacs, et les matelas. Nous laissons aussi à terre les armes et les munitions ; si le hazard veut que nous débarquions sur une côte inhospitalière, nous nous défendrons avec des armes morales. Nous abandonnons aussi une grande partie des vivres et une caisse contenant cent kilogrammes d'huile destinés au filage, en cas de mauvais temps. Notre ami, l'électricien Morin[1] n'hésite pas à nous conseiller de laisser à terre tout l'appareillage électrique qu'il avait installé avec un si grand soin : sa pile, son tableau de distribution, son phare, son projecteur, sa colonne de signaux de nuit. Nous emportons simplement une pile Renard qui assurera l'éclairage intérieur de la nacelle.

---

[1] Depuis notre malheureux camarade a payé de sa vie son dévouement à la cause aéronautique, et a été l'un des deux infortunés héros du drame de l'aréonat Bradsky.

Le croiseur *Du Chayla* qui vient d'apparaître au large et qui doit nous convoyer, nous offrira le secours de ses puissants projecteurs pour éclairer notre marche.

Nous renonçons aussi à emporter les bouées d'acétylène préparées spécialement par M. Hervieu et destinées à jalonner notre route.

« Emportons-nous les compensateurs, demande quelqu'un ?

— Non, répond Hervé.

— Et les freins hydronautiques ?

— On s'en passera. »

Mais ces sacrifices ne sont pas encore suffisants. Il nous faut aussi abandonner le déviateur a maxima, celui-là même — si nous avions pu prévoir le beau temps du lendemain — qui nous eût permis de prolonger notre voyage en nous facilitant l'entrée du canal des Baléares. Mais le déviateur a maxima avait été expérimenté ; nous connaissions ses propriétés et savions que cet appareil très intensif pourrait devenir dangereux par le mauvais temps.

Nous n'emportons que le déviateur a minima, celui qui n'a pas encore reçu de sanction pratique et qui est construit pour fonctionner par tous les temps.

Tous ces sacrifices terminés, le *Méditerranéen I* est enfin équilibré. Nous possédons à bord environ cinq cents kilos de lest disponible en sable et en vivres.

Ces cinq cents kilos nous permettront de rester pendant cinq jours sur l'eau si « l'étanchéité » de l'aérostat était telle que nous l'espérons.

Pour nous rendre compte de la direction du vent nous lançons des ballons pilotes et nous allumons des fusées.

La brise faiblit de plus en plus et tourne doucement.

A 11 heures, elle est franchement au nord.

Le moment est venu. Nous faisons nos adieux aux amis et montons à bord.

La foule que nous sommes impuissants à maîtriser se tient à deux mètres à peine de notre nacelle éclairée de temps à autre par les projecteurs du *Du Chayla*.

Le gros stabilisateur est amené au bord de la plage et fixé à l'extrémité du palan de son treuil.

J'exhorte alors la foule à garder le silence pendant quelques minutes.

Soudain, dans la nuit, un commandement s'élève.

« Levez les mains ! Lâchez tout ! »

Le ballon s'élève brusquement jusqu'à 6 mètres du sol environ, retenu captif par le gros équilibreur dont la masse énorme reste couchée sur la plage. Je jette deux sacs de lest ; Mallet fait mettre à la mer le gros équilibreur, qui, au passage de chaque vague, se soulève doucement avec des ondulations de reptile. On dirait un énorme boa nageant entre deux eaux.

Il est 11 heures 10 quand le stabilisateur dégagé du sable flotte complètement. Le *Méditerranéen I* avance maintenant vers le sud, et nous ne pouvons nous empêcher de pousser une exclamation de joie et de soulagement.

Un pêcheur qui nous a suivi un moment dans sa barque nous crie.

« Bon voyage ; avec la brise du nord qui vous mène en ce moment, vous allez directement *parer* les « Frères »[1] et le cap Sicié. »

Puis il ajoute :

« Une fois au large, vous trouverez une bonne brise du nord-ouest qui vous portera au sud de la Sardaigne. »

Ce brave homme se trompait, hélas ! Ce furent là les dernières paroles que nous échangeâmes, à proprement parler, avec la terre vers laquelle retournait cette embarcation.

Hervé dispose dans le gréement ses instruments d'observation, tandis que nous percevons encore faiblement la rumeur de la foule massée aux Sablettes.

[1] Rocher voisin de la côte.

« Allons, dis-je, il s'agit maintenant de se partager le travail. Castillon et moi nous allons veiller à l'avant de la nacelle. »

Tapissier approuve d'un signe de tête et vérifie au moyen du compas la route qui est exactement le S. 5° O. du monde.

« Si cela continue ainsi, dit-il en souriant, nous atteindrons la côte d'Algérie. »

Mais le *Du Chayla*, qui se trouvait à un mille et demi, dans le sud des Sablettes, ne nous a pas encore aperçus. Avec ses projecteurs, il fouille avec insistance notre hangar et ses abords. Il ne nous croit pas encore partis. Il faut le prévenir.

La nuit est très obscure et le ballon glisse sans bruit à la surface des flots.

Nous sommes bientôt à 50 mètres du croiseur et il ne nous voit toujours pas.

Tapissier crie d'une voix de stentor :

« *Du Chayla*, route au S. 5° O. (sud cinq degrés ouest). »

Aussitôt le croiseur évolue rapidement et le faisceau lumineux d'un de ses puissants projecteurs électriques vient frapper le ballon.

Le petit dialogue suivant s'engage alors entre le *Du Chayla* et le *Méditerranéen*.

« Ohé, du ballon, tout va bien ?

— Oui, tout va bien...

— Notre lumière ne vous gêne pas ?

— Non, au contraire..., merci.

— Vous n'avez pas de lumière ?

— Nous avons laissé notre projecteur à terre.

— A quelle distance sont vos *traînards ?*

— A 10 mètres environ... »

Et l'on n'entend plus que l'hélice du croiseur qui fouette les vagues de son bruit sec et régulier.

Nous marchons, attentifs à notre manœuvre ; c'est à peine si nous échangeons quelques mots.

Toulon a disparu. Le temps est doux ; au ciel quelques nuages, qui, de temps à autre, nous cachent les étoiles. Le *Méditerranéen* toujours éclairé par le projecteur s'infléchit de plus en plus vers le sud-ouest et puis vers l'ouest. La direction est moins bonne qu'au départ, mais nous ne voulons pas encore mettre à l'eau notre déviateur ; nous préférons attendre le jour pour expérimenter cet engin nouveau.

Tapissier tire son chronomètre.

« Minuit dix, voilà déjà une heure que nous naviguons.

— Déjà, fait de Castillon... Comme le temps passe. »

Et en effet, nous sommes tous si intéressés par notre manœuvre que nous ne pensons plus à l'heure.

Le temps est presque calme.

La route peut être suivie par le sillage de l'équilibreur qui est assez important, par les relèvements du feu-éclair de Porquerolles, dont les éclats apparaissent toutes les huit secondes à peu près, et par ceux aussi du cap Cépet, que son feu rouge permet de distinguer sûrement.

Bientôt apparaissent des terres hautes et escarpées, murailles noires du plus sinistre aspect.

« Où sommes-nous ?

— Devant le cap de l'Aigle », dit Tapissier qui, en vieux loup de mer, suit sa route avec attention.

Mais les vents sont faibles... La brise fléchit de plus en plus... Ce calme qui doit réjouir les passagers des transatlantiques nous désespère... Nous avançons, mais si lentement... Bientôt la mer change de ton... De noire, elle devient mauve et au loin une ligne grisâtre barre l'horizon.

C'est l'aurore...

« Il fait faim ici », fait remarquer Castillon. Le fait est que nos estomacs commencent à crier famine. Hier soir, avant le départ, nous n'avons dîné que d'une tasse de bouillon avalée à la hâte comme en quelque buffet de province... Aussi ne sommes-nous pas fâchés de goûter un peu à nos provisions qui doivent être excellentes, grâce au soin judicieux dont fait toujours preuve de Castillon en matière culinaire. Cet homme est un fin gourmet qui cultive

la gastronomie même en ballon ! un nouveau record !
Certain panier de raisins obtient un unanime succès.
Ce qui est un peu ennuyeux, c'est que pour avoir
la moindre bouteille de vin ou d'eau, il faut se livrer
à un vrai travail de désarrimage et d'arrimage.

Nous mangeons avec appétit..., mais soudain je
me souviens que nos pigeons n'ont rien mangé. Ne
faut-il pas aussi prendre soin de ces jolis messagers
ailés qui n'attendent que le moment de porter de nos
nouvelles à nos familles, à nos amis...

Castillon lève les bras, atteint un des paniers
de pigeons, mais le poids est plus lourd qu'il ne
le supposait ; le panier lui échappe et tombe à la
mer.

Pauvres petits pigeons ! les voilà noyés.

« Tu ne peux donc pas faire attention, dis-je à
Castillon.

— J'aurais voulu t'y voir », répond-il d'un air
contrit.

Je m'apprête à répondre quand Tapissier nous
désigne un vapeur venant de l'Est. A notre vue, il
se dérange de sa route et échange des signaux avec
le *Du Chayla* qui vient d'éteindre ses projecteurs.

Quelques instants après, je fais un premier lâcher
de quatre pigeons pour indiquer que tout va bien à
bord mais que, malheureusement, le vent nous est
complètement défavorable.

En effet, nous sommes de plus en plus entraînés vers la côte.

C'est le moment d'expérimenter le déviateur a minima. La mise à l'eau est assez laborieuse car un grand nombre des appareils destinés à la faciliter, ont dû être abandonnés aux Sablettes...

Nous arrivons quand même à un résultat satisfaisant.

A 9 heures 30, le déviateur est complètement immergé à 5 ou 6 mètres de profondeur.

En manœuvrant les deux cordes, Hervé arrive à leur donner l'inclinaison voulue par rapport à la vitesse et aussitôt l'énorme ballon obéissant à la puissante action de cet appareil relativement très petit, se met à dévier franchement de 40°.

L'impression est saisissante, merveilleuse, non seulement à bord du *Méditerranéen*, mais aussi à bord du *Du Chayla*.

Nous voyons brusquement le croiseur stopper dans le lit du vent. Il est visible que le commandant Serpette cherche à se rendre compte du rendement de notre déviateur, et voir si nous pourrons lui couper sa route. Tous les officiers et tout l'équipage du *Du Chayla*, sont sur la dunette ou sur le pont, suivant nos évolutions avec des jumelles.

Bientôt, en effet, notre ballon, coupant la route du croiseur, s'incline et se dirige vers le S. 45°.

Si cette direction se maintient nous conservons l'espoir d'enfiler le canal des Baléares. Nous profitons du bon fonctionnement de nos appareils pour prendre l'apéritif et mettre un peu d'ordre dans notre livre de bord.

Un vapeur venant du sud et faisant route vers Marseille passe à portée des signaux : c'est l'*Eugène-Péreire*. Le *Du Chayla* lui fait savoir que tout va bien à bord du ballon. Je demande au commandant Serpette la latitude et la longitude. Quelques moments après, le commandant nous donne 42° 58′ *latitude Nord* et 3° 5′ *longitude Est*. Tapissier fait de son côté des relèvements au moyen de son compas ; il obtient les mêmes résultats.

Je profite de ce que nous connaissons exactement notre position géographique pour faire un nouveau lâcher de pigeons.

Nous sommes toujours équilibrés d'une façon parfaite au-dessus de l'eau.

A 11 heures 20, nous nous mettons à table. Le déjeuner est servi. En voici le menu.

MENU

Veau froid

Jambon

Fromages

Raisins

Le tout arrosé de vin blanc et d'eau de Saint-Galmier. Nous mangeons avec nos doigts car notre batterie de cuisine si bien préparée par Castillon a été laissée à terre.

Autour de nous se profilent les grandes voiles de quelques bateaux semblant, tout comme nous, ne goûter que médiocrement l'indolence des vents.

Le temps se maintient au beau pendant la journée ; il fait même chaud. Les vents viennent toujours de l'Est. Ce n'est que grâce au déviateur a minima que le ballon parvient à s'élever un peu au large des côtes de Marseille dont il passe à environ 25 milles dans le S.-S.-O.

Dans l'après-midi, à 4 heures, nous n'avons pas encore jeté un gramme de lest. L'équilibre automatique est parfait et l'étanchéité du ballon est bonne. Nous remontons la nacelle de 50 centimètres au-dessus de l'équilibreur car, avec la condensation du soir, nous nous rapprochions trop de la surface de l'eau.

Avant que les ténèbres nous enveloppent, nous sonnons la cloche pour attirer l'attention du *Du Chayla* qui s'approche aussitôt de nous.

Je demande au commandant Serpette s'il peut, pour la nuit, braquer son projecteur non pas sur le haut du ballon mais sur la nacelle et les appareils à la traîne.

« Rien de plus facile, répond-il. Mais est-ce que la lumière ne va pas vous incommoder? J'ai eu peur de vous gêner la nuit dernière.

— Non, répondis-je, la lumière ne nous gêne pas mais de temps à autre, cessez d'éclairer l'aérostat pour que nous puissions inspecter l'horizon.

— Avez-vous encore de la lumière à votre bord pour que nous puissions vous retrouver?

— Oui.

— Bonsoir...

— Bonne nuit ! »

Cette conversation d'un ballon à un croiseur est assurément la première qui se soit tenue sur mer...

Après le dîner, Castillon et Tapissier qui ne font pas partie de la Ligue contre l'abus du tabac grillent chacun une cigarette ; ce que les vieux aéronautes auraient jadis considéré comme une imprudence est admis ici; on fume comme dans un compartiment de chemin de fer ; on doit même employer des allumettes tisons ! C'est que le *Méditerranéen* prend un malin plaisir à bouleverser toutes les théories émises jusqu'alors. Vers 10 heures, la brise augmente un peu; la vague devient plus forte.

Notre aérostat éclairé par le jet de lumière du *Du Chayla* présente au milieu de la nuit brumeuse, un aspect féerique. La sphère du ballon grossie par l'ombre semble une boule lumineuse qui roule à la surface des flots ou quelque astre, tombé des nues, qui tourbillonne au milieu d'un cercle de feu avant de disparaître dans l'abîme.

Le vent tourne de plus en plus au sud et nous constatons avec peine que malgré le bon fonctionnement du déviateur, nous ne pourrons doubler le cap Creux. De Castillon et Hervé sont persuadés que la deuxième journée ne se terminera pas sans un atterrissage sur les côtes d'Espagne. Tapissier plus habitué aux caprices des vents et de la mer, sent bien que l'aérostat va être « sucé » par le fond du golfe de Lion, mais il soutient mollement son opinion pour ne pas nous décourager d'ailleurs inutilement peut-être, car le mistral pourrait se lever. Ah! s'il se levait! Ce serait la réussite populaire complète, certaine, car le ballon a encore deux jours de vie pour le moins, même dans les conditions les plus déplorables. Malheureusement ce vent propice que nous souhaitons ne soufflera pas. Au contraire, une panne noire précurseur de l'orage se dessine dans l'Est.

A 7 heures du matin, Tapissier fait le point avec le sextant; c'est la première fois que cette expérience a lieu à bord d'un aérostat. Elle réussit parfaitement et nous la contrôlons par les relèvements faits à bord du *Du Chayla*.

Pendant la matinée, la brise diminue de plus en plus.

Le ballon ridé pendant la nuit se remplit sous l'action du soleil et je puise de l'eau pour combattre une rupture d'équilibre, si elle venait à se produire. En l'absence du compensateur, Castillon installe sur les parois de la nacelle un grand sac de toile contenant 120 litres d'eau et nous le remplissons d'eau de mer.

C'est égal, les bons compensateurs en cuivre d'Hervé, avec leur pompe, eussent été bien commodes, surtout si, partis dans de bonnes conditions, nous eussions eu à rester une semaine en l'air.

Le croiseur est assez près de nous. Tapissier demande la position en déclarant qu'il s'estime à 35 milles environ dans le nord-est du cap Creux.

Quelques instants après, le croiseur donne comme position :

Latitude 42° 46' nord.

Longitude 1° 39' est.

Je demande au commandant Serpette s'il croit que le vent va changer et nous reporter un peu au large.

« Hélas ! non, répond-il. S'il y a changement, ce sera plutôt pour vous porter au nord. »

A mesure que la brise diminue, elle hale le sud-est et, malgré la meilleure utilisation du déviateur, tout ce que nous pouvons faire, c'est une route à peu près vers l'ouest, avec une tendance à passer à l'ouest-nord-ouest.

Vers 11 heures du matin, nos vivres frais étant épuisés, nous attaquons les conserves. Castillon nous sort d'un garde-manger très sommaire des boîtes de mortadelle, de l'oie confite et un certain pâté d'alouettes de Pithiviers. Pendant le déjeuner, les hypothèses et les discussions vont leur train. Nous nous entretenons de l'atterrissage que nous sentons imminent.

En effet, bien que faute de jumelles, nous ne puissions apercevoir la terre, nous la savons proche. Et la terre mettra fin à notre voyage!

Cependant, l'excellente condition de notre ballon est telle que le commandant Serpette ayant aperçu très au loin un vapeur ne craint pas de nous abandonner pour porter de nos nouvelles à ce bâtiment qui doit faire route vers Cette.

Nous observons la mer...

Distinctement, nous percevons les ordres que le commandant, du haut de la dunette donne à son équipage et au mécanicien...

« Activez... »

Un grondement sourd de flots battus, un sifflement aigu, et le croiseur fend la lame, obliquant sur la gauche vers un point grisâtre qui tache au loin l'immensité...

Nous restons seul au milieu de la Méditerranée... et nous avançons insensiblement...

« Nous avons l'air de suivre un enterrement, dit Castillon.

— Pourvu que ce ne soit pas le nôtre... »

Et nous éclatons de rire... Ainsi les choses les plus tristes peuvent quelquefois dilater la rate...

Bientôt nous voyons revenir le croiseur dont la coque noire semble voler sur les flots et dans le lointain nous apercevons un bateau qui semble glisser comme un traîneau.

Il est midi, le *Du Chayla* est de retour et nous surveille...

Nous reconnaissons dans la brume les terres de Port-Vendres, puis les Pyrénées orientales que domine le pic altier du Canigou...

Décidément nous n'abandonnerons jamais cette terre qui nous obsède et semble à chaque instant nous rappeler à elle comme si elle craignait pour nous un danger...

A 2 heures de l'après-midi le *Du Chayla* se rapproche... il est bientôt à quelques mètres de nous.

« Avez-vous le point, nous crie le commandant Serpette ?

— Oui.

— Voulez-vous que j'aille causer avec vous ?

— Avec plaisir, commandant. »

Aussitôt nous voyons des marins se presser sur le

pont et détacher la baleinière qui descend à l'eau doucement. L'équipage prend place dans l'embarcation et est rejoint par le commandant Serpette...

Les matelots font force de rames vers le ballon. Ils ont eu soin, au préalable, de se munir de ceintures de sauvetage, dans le cas d'un abordage entre la baleinière et l'aérostat, pendant cette manœuvre toute nouvelle.

La baleinière nagée vigoureusement, cherche à nous accoster. Tapissier, avec la sûreté de main du marin, lui envoie une amarre. Le timonier la saisit. Le commandant Serpette, dans son désir de nous parler et de nous rendre service, se lève tout droit dans l'embarcation, oubliant sa propre sécurité. La baleinière vient à passer sous la nacelle, équilibrée à deux mètres seulement au-dessus de la mer et pendant un instant nous craignons qu'à la levée d'une petite houle, un tamponnement n'ait lieu entre l'embarcation et le gros stabilisateur de 600 kilos. Bientôt, heureusement, nous apercevons la baleinière de l'autre côté de l'aérostat et nous pouvons tout à notre aise converser avec le commandant.

« Que comptez-vous faire », nous demande le capitaine de frégate Serpette ?

Je lui réponds que nous attendrons un vent favorable et que nous allons ralentir notre marche pour prolonger notre voyage le plus possible.

« Vous n'êtes plus qu'à 20 milles de la côte.

— Nous le savons. »

Le commandant nous fait observer aussi que le tirant d'eau de son bâtiment le force à stopper à un mille du rivage.

« Si vous atterrissez, cette nuit, nous dit-il, je ne pourrai aller vous porter assistance avec le *Du Chayla*, mais je vous enverrai des hommes et des embarcations à vapeur qui sont toutes prêtes. Maintenant, ajoute-t-il, si vous préférez monter directement à mon bord, je tiens à vous avertir que toutes mes dispositions sont prises pour vous recevoir, vous et votre matériel. »

Je remercie le commandant et lui demande avant d'accoster le *Du Chayla* d'attendre jusqu'au dernier moment un vent qui pourrait nous devenir favorable.

Le commandant comprend parfaitement notre désir, et s'éloigne après nous avoir souhaité bonne chance.

Il s'agit maintenant de ralentir le plus possible notre marche. Il faut, à tout prix, prolonger le voyage. Nous rentrons le déviateur et l'attachons à son poste. Car, au point où nous sommes, il ne servirait qu'à nous faire atterrir en pays espagnol. Nous mouillons successivement deux cônes-ancres; notre vitesse diminue considérablement; nous nous apprêtons à en mouiller d'autres pour la ralentir encore davantage.

Mais le vent qui jusqu'à présent avait été faible s'élève, devient de plus en plus fort et malgré nos freins hydrostatiques, nous allons forcément atterrir en pleine nuit et peut-être en pleine tempête — car des nuages inquiétants présagent l'orage — sur une terre inconnue, au milieu d'obstacles imprévus.

A ce moment une discussion s'élève entre nous.

Descendrons-nous à terre ou terminerons-nous immédiatement notre ascension en accostant le *Du Chayla?*

Tapissier en sa qualité de marin, préfère atterrir sur le croiseur. Hervé est d'une opinion contraire.

« La presse, dit-il, ne manquera pas d'insinuer que notre expédition s'est terminée par un naufrage... »

Quant à moi, je suis très partisan de l'atterrissage sur le croiseur.

« Ce sera nouveau, au moins, dis-je. J'estime qu'il y a un gros intérêt, puisque nous avons un croiseur à notre disposition, à étudier comment un aérostat peut manœuvrer, secondé par un navire de guerre. »

Castillon se range au même avis et la majorité l'emportant, l'atterrissage à bord du *Du Chayla* est décidé.

Je monte alors dans les cordages et fais signe que je désire communiquer à la voix avec le *Du Chayla*. En même temps, Tapissier sonne la cloche pour attirer l'attention du croiseur qui se rapproche aussitôt.

« Qu'est-ce que vous désirez ?

— Nous voulons monter à votre bord.

— Quand ?

— Tout de suite !

— Bien, je vais faire faire la manœuvre nécessaire. Mais montez votre nacelle un peu plus haut pour qu'elle se trouve à la hauteur du pont du *Du Chayla*.

— C'est entendu !

— N'oubliez pas, surtout, de nous filer un gros câble à l'arrière !

— Compris ! »

Alors, c'est à bord du *Du Chayla* et du *Méditerranéen* une activité fébrile, bruyante. Je manœuvre aussi rapidement que possible le treuil de l'équilibreur et je remonte la nacelle.

Tapissier largue à l'arrière le grand guide-rope marin. Nous revêtons tous des ceintures de sauvetage au grand désespoir d'Hervé qui chuchotte.

« Vous verrez, vous verrez. On dira que nous avons fait naufrage et que nous avons été bien heureux d'avoir un croiseur à notre disposition pour nous sauver... »

Sur le *Du Chayla*, les matelots débarrassent le pont avant. Les bastingages sont enlevés, le gros canon tourné sur le côté et trois hommes de l'équipage armés de « chattes »[1] se tiennent sur l'avant du croiseur prêts à happer au commandement le guide-rope marin.

Sur la dunette, le commandant Serpette surveille les opérations.

Délivré de son déviateur, le ballon file dans le lit du vent.

Le *Du Chayla* se met dans la même position en marchant à une vitesse un peu supérieure à la nôtre ; il gagne sur le *Méditerranéen*.

Il va bientôt le toucher de son éperon quand, sur un ordre bref, les trois « chattes » tombent sur le guide-rope qui est halé et embarqué à bord.

Le croiseur stoppe au milieu d'une fumée d'écume. Les matelots tirant sur l'amarre amènent la nacelle vers l'avant du *Du Chayla*

« Montez la nacelle de 50 centimètres », nous crie le commandant...

Sous l'action énergique de nos treuils la nacelle est surélevée à la hauteur demandée... Deux grappins la saisissent à la volée et une vingtaine d'hommes la maintiennent et l'immobilisent sur le pont du bateau...

[1] Grappins en fer.

« Légèrement, en arrière », ordonne le commandant du navire.

Et le ballon s'incline dans le vent hors de la portée des mâts et des cheminées.

Nous descendons de la nacelle au milieu des hommes de l'équipage qui nous regardent avec curiosité.

Je tire la corde de déchirure et le gaz s'échappe avec un sifflement par l'ouverture béante. Le *Méditerranéen* s'affaisse, et bientôt il n'est plus qu'une chose flasque qui s'abat sur les eaux.

Les matelots remontent l'étoffe comme s'ils eussent amené un filin. La soie bruit le long des parois du croiseur. On ramène aussi le stabilisateur et bientôt tout le matériel du *Méditerranéen* est en sûreté à bord du *Du Chayla*.

Ce qui fut un ballon dort maintenant sur le pont.

Le commandant Serpette descend alors de sa dunette et vient nous féliciter sur l'heureuse issue de notre expérience.

« Bravo ! voici une manœuvre intéressante. »

Il nous tend la main et tous les officiers du bord s'empressent autour de nous...

Nous entendons les matelots qui commentent cet événement.

« T'aurais jamais cru, toi, que nous verrions un ballon nous accoster.

— On les verra p'têtre bien nous emmener à terre un jour...

— Ça s'rait drôle, murmure un quartier-maître tout en fumant sa bouffarde...

— Ça s'verra, ça s'verra, appuie un vieux mathurin bronzé par le soleil des tropiques, faut s'étonner de rien aujourd'hui... »

Notre atterrissage avait eu lieu à 4 heures et quart; le voyage avait duré 41 h. 5 m.

. . . .

Le soir le commandant nous reçut à sa table et comme de juste la conversation roula sur notre voyage.

« Ce qui m'a le plus frappé, nous dit le capitaine de frégate Serpette[1], ce fut l'équilibre automatique vraiment merveilleux de votre aérostat. Vous avez, par cette innovation, absolument remédié aux défauts des aérostats ordinaires soumis aux variations d'altitudes, variations mortelles pour les ballons. J'ajoute que vos déviateurs ont fait sur moi une excellente impression et j'estime à 30° au moins la déviation moyenne que vous avez pu obtenir.

— Avant de les connaître, ajouta-t-il, j'étais scep-

[1] Le commandant Serpette est mort cet hiver à l'hôpital de Toulon; il a laissé d'unanimes regrets dans la marine où il était justement apprécié et estimé; il avait aussi occupé une place marquante dans l'aéronautique, et était le créateur des parcs à ballons de la marine.

tique sur le fonctionnement de vos appareils. Aujourd'hui je n'ai plus de doute sur leur bon fonctionnement et la sécurité qu'ils vous ont procurée. Par un gros temps, j'aimerais mieux être sur votre ballon que sur mon bateau! »

Et sur ces mots le commandant leva sa coupe de champagne en l'honneur du *Méditerranéen*.

Le lendemain, à 3 heures de l'après-midi, nous quittions le *Du Chayla*.

« Au revoir, nous dirent les officiers...

— A bientôt », répondis-je, en leur serrant la main.

RÉSULTATS DE L'EXPÉDITION DU MÉDITERRANÉEN I

Cette expérience a prouvé que, contrairement à toutes les théories émises jusqu'à ce jour, un ballon muni de nos appareils et lancé sur la mer n'était pas un ballon en perdition; qu'au contraire il jouissait d'une stabilité et d'une sécurité plus grande même que les aérostats terrestres.

En effet le *Méditerranéen* à son premier voyage au-dessus des flots avait battu facilement tous les records de durée établis jusqu'ici sur terre au prix de mille difficultés.

Le premier point du problème de l'aéronautique maritime, l'équilibre dépendant était donc résolu.

Le voyage du *Méditerranéen* a prouvé, en outre, qu'un ballon pourvu de déviateurs pouvait s'éloigner d'une côte malgré le vent qui l'y poussait. Le *Méditerranéen* entraîné vers Marseille avait pu dériver pendant quarante et une heures de suite et n'atterrir qu'en vue de Port-Vendres. Dans une expérience précédente, Hervé, à bord du *National*, s'était au contraire, servi du déviateur pour atteindre la côte de Yarmouth en Angleterre alors que le vent l'entraînait vers l'océan Glacial.

Le second terme du problème de l'aéronautique maritime, la dirigeabilité partielle dépendante, était donc résolu aussi. Enfin cette expérience a démontré la possibilité de manœuvres entre un navire de guerre et un aérostat de gros cube.

Dans une prochaine expérience, nous pourrons aborder sans témérité le troisième terme du problème, l'équilibre indépendant. Nous savons en effet dès maintenant qu'en cas de rupture de cet équilibre, nous pouvons toujours venir nous reposer à la surface de la mer : nous pourrons en outre perfectionner l'équilibre et la direction partielle dépendante. Nous arriverons ainsi progressivement et rationnellement au système à dirigeabilité complète et indépendante au-dessus des Océans.

La tentative du *Méditerranéen* est donc une base sur laquelle peuvent s'échafauder avec plus de sécurité, bien des travaux et bien d'autres tentatives. Cette voie nouvelle ouverte à l'aéronautique peut être fertile en conséquences heureuses pour la défense du pays. La marine y puisera une série de renseignements de la plus haute importance, et, dans une guerre navale prochaine le ballon pourra jouer un rôle prédominant : Rétablir les communications coupées, porter des ordres ou des chefs militaires à un corps d'armée isolé de la métropole, forcer le blocus d'un port avec moins de perte et plus de profit qu'un navire, renseigner nos forces sur les mouvements des escadres ennemies et sur l'opportunité qu'il y aurait à effectuer ou non une sortie.

Enfin, aux armes nouvelles doivent s'opposer d'autres armes nouvelles et dans la prochaine guerre, le sous-marin, cette unité invisible aux bâtiments d'une escadre aura comme ennemi direct le ballon. L'aérostat planant au-dessus des flots dépistera facilement le sous-marin et permettra sûrement sa destruction.

Voici donc les différents rôles que l'on peut dès à présent assigner au ballon maritime ; d'autres fonctions encore inconnues aujourd'hui naîtront des circonstances.

Voilà pourquoi il était utile d'ouvrir cette nouvelle branche de l'aéronautique.

XI

AU-DESSUS DU GOLFE DU LION EN BALLON

EXPÉRIENCES DU MÉDITERRANÉEN II

Les préparatifs du départ. Une foule anxieuse. Le *Méditerranéen II* quitte brusquement Palavas à 4 heures du matin. Comment un ballon se fait remorquer par un contre-torpilleur. A 40 milles au large. L'*Épée* et le *Méditerranéen II* passent la nuit côte à côte à la dérive. Le bien-être à bord d'un ballon maritime. Persistance des vents contraires. Le *Méditerranéen II* en déviation. La brise s'élève et nous distançons l'*Épée*. Un atterrissage facile.

Dimanche 22 *septembre* 1902. — Sera-ce pour aujourd'hui? Nous attendons, nerveux, sous le hangar, une petite brise du nord pour nous pousser de quelques milles au large, mais le temps passe et le vent demeure obstinément contraire. Au dehors du hangar sur toute l'étendue de la plage et jusqu'au bout du môle, une foule impatiente s'agite, nous reprochant presque de la faire attendre : le départ du *Méditerranéen* lui paraît une chose due, un spec-

14

tacle payé et, pour un peu, elle nous réclamerait l'argent.

De temps à autre, nous allumons sur la plage des feux de paille humide, afin de connaître la direction du vent.

11 *heures*. La brise est toujours défavorable. Nous tenons un conciliabule autour de la nacelle à la lueur de lampes de mineurs.....Nous décidons d'attendre encore un peu, mais nous n'avons plus grand espoir de quitter Palavas cette nuit. De son côté, le public ne se lasse pas et à chaque instant des gens s'approchent de nous, nous faisant tous la même question qui a le don de nous énerver :

« Eh bien! est-ce pour cette nuit? Faut-il que nous attendions encore?

— Faites comme vous voudrez, mais, je vous en supplie, ne m'agacez pas plus longtemps. »

Et la foule est toujours là, aussi nombreuse.

Lundi 23 *septembre* 1902. — *Une heure du matin.* Laignier, l'officier de marine qui doit monter dans ma nacelle, se rend à bord de l'*Épée* qui vient de mouiller à un mille au large. Il en revient bientôt avec des renseignements peu encourageants :

« Il ne fait pas plus de brise au large qu'à terre, dit-il, et le commandant Moullé ne prévoit pas de changement de temps. Je lui ai demandé aussi s'il voyait la possibilité de sortir le *Méditerranéen* du hangar avec une remorque, mais il m'a déclaré qu'il lui était impossible, vu le peu de fond de la côte, de s'en approcher à plus de 200 ou 300 mètres. »

Malheureusement, ni l'*Épée* ni nous-même ne possédons un câble assez long pour tenter cette manœuvre. Il nous faut donc attendre un vent qui nous déhale du rivage.

Quel malheur que nous n'ayons point cette fois-ci notre moteur et nos propulseurs : ce serait un temps idéal pour les essayer et nous serions portés au large.

Mais enfin, devant la mauvaise humeur de la brise, nous n'avons qu'à nous incliner et à remettre le départ.

Il est 2 heures du matin et Castillon prie les gendarmes de faire évacuer de l'enceinte réservée toutes les personnes qui y ont pris place. Il s'avance vers les membres de la presse et leur dit :

« Messieurs, le départ n'a pas lieu cette nuit, vous pouvez vous retirer.

— Mais enfin, interrompt l'un deux, si le ballon venait à partir ?

— Mais il ne partira pas, je vous en réponds. Si vous en voulez une preuve, je vais me coucher. »
Et de fait Castillon, Hervé, Laignier, Duhanot, Mallet, Bésançon, tous enfin quittent le hangar et regagnent l'hôtel.

La foule obéit à regret aux injonctions des gendarmes et sort de l'enceinte réservée; les journalistes à leur tour se décident à partir, mais ils ne s'éloignent pas et vont s'attabler à la terrasse du Casino, prêts à tout événement. Certains même, ils me l'ont dit depuis, soupçonnent notre bonne foi, et j'en connais qui sont encore persuadés que nous avons voulu leur jouer un bon tour.

Et pourtant, tel n'était pas notre sentiment. Nous pensions bien tous à cette heure avancée de la nuit que le départ était remis au lendemain.

Seul, je reste au hangar. Je ne puis me décider à aller me coucher. J'espère toujours voir arriver la brise tant désirée..... Et puis, voici plusieurs jours que je me morfonds au milieu de cette immense baraque en planches, devant ce globe de soie que je voudrais voir naviguer sur les eaux de la Méditerranée, au lieu d'être bêtement emprisonné par le caprice stupide du vent.

L'équinoxe s'approche de plus en plus..... nous sommes maintenant dans la période officielle des mauvais temps et, d'un jour à l'autre, une tempête peut se déchaîner sur la mer, m'immobilisant pendant des semaines peut-être. Chaque jour de retard est pour moi l'occasion de frais considérables et mes forces pécuniaires s'épuisent, bien que, au dire de certaines gens, le Casino et le Chemin de fer d'intérêt local me payent de fortes sommes pour retarder mon départ. Aussi, je ne veux à aucun prix laisser passer une occasion un peu favorable.

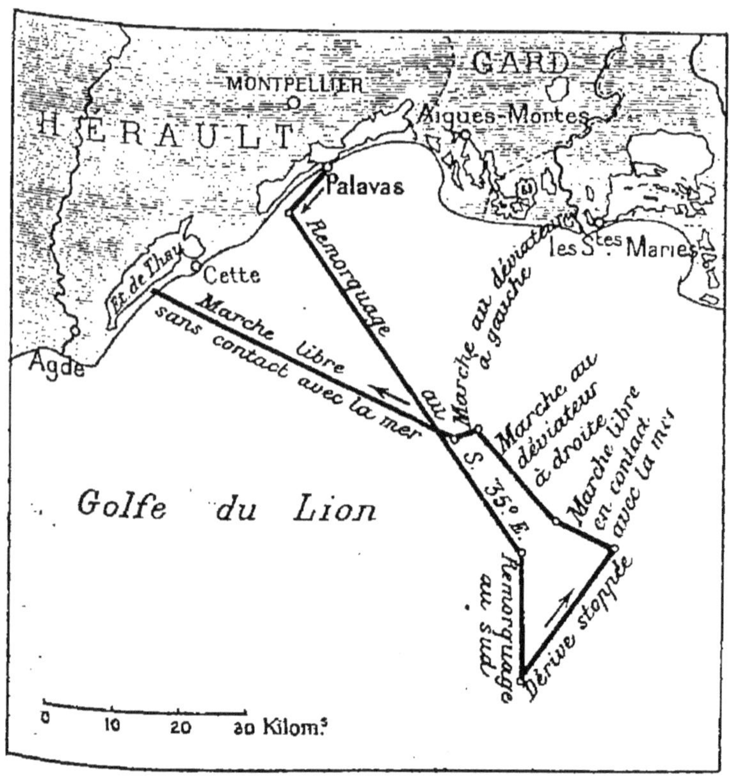

ITINÉRAIRE DU MÉDITERRANÉEN N° 2

Dressé par l'enseigne de vaisseau Laignier.

Dans le hangar, il n'y a plus que quelques soldats du génie qui gardent le *Méditerranéen II* dressé et gréé.

J'en profite pour monter dans une barque; accompagné de M. Chassand, le directeur du service météorologique à l'École d'agriculture de Montpellier.

Nous embarquons à notre bord de la paille et nous allons au large, à 1500 mètres environ de la côte, allumer un feu pour voir la direction des vents.

D'autre part, des sapeurs font la même opération sur divers point du rivage.

Le vent au large souffle franchement du nord à une vitesse de 3 à 4 mètres par seconde.

Les fumées des feux allumés par les sapeurs suivent la même direction. Il faut donc à tout prix profiter de cette situation..... Qui sait quand nous la retrouverions?

Quand nous aurons quitté la terre, nous pourrons toujours nous faire remorquer par l'*Épée* qui nous mènera au large où nous évoluerons à notre aise. Je commande à mes rameurs de nager rapidement vers la côte. Aussitôt arrivé à la plage, je me précipite vers l'hôtel où dorment mes compagnons. Je cogne à toutes les portes, je crie, j'appelle, et c'est bientôt dans les couloirs, dans les escaliers, un vacarme indescriptible. Tout l'hôtel est sur pied. Non seulement mes compagnons sortent de leur chambre, effarés, dans les costumes les plus bizarres, mais aussi tous les locataires de l'immeuble.

Et c'est, à travers les corridors, une longue théorie de gens peu vêtus, la figure embroussaillée, les traits contractés par la stupeur.

« Eh bien ! nous partons, dis-je à mes compagnons rassemblés autour de moi.

— Comment ! me dit Hervé, et le vent ?

— Il souffle légèrement du nord. Il faut que nous en profitions. »

Et chacun rentre dans sa chambre, encore ahuri du départ prochain.

« Je dormais si bien ! » me dit Hervé en franchissant le pas de sa porte.

Je me dirige vers le hangar, mais sur la terrasse du Casino la foule est encore nombreuse. Je suis radicalement happé au passage quand je franchis la rangée des tables. Les journalistes, que ces allées et venues ont quelque peu intrigués, m'interpellent.

« Eh bien ! c'est pour maintenant ?

— Oui, on va essayer. »

La terrasse est vivement déblayée de ses consommateurs qui me font une garde d'honneur jusque sous mon hangar.

« Mais permettez, Messieurs, les cartes de presse, seules, peuvent pénétrer dans l'enceinte de l'aérodrome, et je serais même très obligé à l'un de vous d'empêcher l'accès de l'enceinte réservée à toute personne que vous ne reconnaîtriez pas pour un de vos confrères. »

L'un de ces Messieurs très aimablement, se chargea de faire exécuter cette consigne.

Dans le hangar, tout le monde est encore assoupi; seuls deux soldats du génie se promènent de long en large, veillant le *Méditerranéen*.

« Réveillez tous vos compagnons et les ouvriers, leur dis-je ; le ballon va partir. »

Et dans tous les coins du hangar, on entend des grognements d'hommes arrachés violemment à un sommeil profond. Au dehors, la plage présente un spectacle curieux. La nouvelle du départ du ballon s'est rapidement propagée dans tout Palávas et les gens dans leur précipitation, ont complètement oublié de se vêtir. Beaucoup se sont fait un manteau avec les couvertures de leur lit, et n'était la forme des habitations, on se croirait plutôt sur quelque plage de la côte africaine.

Mallet vient d'arriver sous le hangar, suivi à peu de distance de toute l'équipe du *Méditerranéen*. Aussitôt, nous commençons le pesage du ballon. Les sacs de lest s'accumulent dans le fond de la nacelle ; nous vérifions l'arrimage de tous les appareils. Le stabilisateur et le serpent sont étendus sur le bord de la plage. L'*Épée* que je viens de prévenir de notre intention de partir, allume ses projecteurs et envoie sur le ballon un flot de lumière éblouissante. L'apparition de ces feux est marquée par les applaudissements d'une foule impatiente. Elle comprend que le moment décisif a sonné et que le spectacle qu'elle attend depuis de longs jours va commencer.

Le ballon est complètement équilibré à terre; nous montons à bord de la nacelle, et jetons des sacs de lest en quantité suffisante pour compenser le poids des passagers du *Méditerranéen*. La nacelle est maintenue par des sapeurs du génie; des charpentiers montés dans les échafaudages ont délié toutes les cordes qui retenaient le ballon captif dans sa cage.

Alors, sur le commandement de Mallet et avec l'aide des soldats, le *Méditerranéen* s'avance lentement; il apparaît sur le devant du hangar, toujours éclairé par le projecteur de l'*Épée*. La foule acclame longuement la sortie du ballon et les applaudissements partis d'abord de l'enceinte réservée se répercutent bientôt sur toute l'étendue de la plage. Je me penche sur le devant de la nacelle :

« Je vous en prie, Messieurs, n'applaudissez pas en ce moment. Vous pourrez applaudir tout à l'heure quand nous serons partis. Je vous recommande au contraire, dans l'intérêt de l'expérience, de faire le silence le plus complet pour que nos hommes puissent entendre les commandements de manœuvre. »

Et aussitôt, comme par enchantement, la foule se tait et observe un silence religieux.

Le ballon se dresse maintenant sur le bord de la plage; et tout à l'entour des barques nombreuses, toutes illuminées, véritables gondoles, glissent lentement sur l'eau argentée par les rayons de la lune.

De ci de là, des feux de Bengale viennent de temps à autre changer la couleur de ce décor féerique.

Au moyen d'un porte-voix, je prie les barques de dégager complètement le devant du hangar.

Comme à regret, elles s'éloignent pour revenir bientôt; et plusieurs fois avant la minute suprême du départ, je me vois forcé de leur faire les mêmes recommandations.

Le stabilisateur et le serpent, nos deux organes d'équilibre, sont fixés à leurs cordages. Le public qui a pu pénétrer dans l'enceinte réservée, se tient respectueusement à distance.

Pourtant, parmi l'équipe des ouvriers occupés autour de la nacelle, j'aperçois deux ou trois personnes en manches de chemise, travaillant comme des nègres. Ils ne font sûrement pas partie du groupe d'ouvriers que j'ai embauchés. Je les examine avec plus d'insistance et je reconnais des journalistes qui se sont glissés au milieu de mes hommes pour ne rien perdre des détails de la manœuvre.

Dois-je les renvoyer?... Non, puisqu'ils travaillent.

Mais vraiment quels trucs inventeront-ils un jour pour satisfaire leur soif de reportage ?

Castillon et moi jetons quelques sacs de lest pour soulever les appareils d'équilibre, puis je commande aux sapeurs : « Levez les mains. » Le *Méditerranéen II* s'élève de quelques mètres au-dessus de la terre, encore retenu captif par les appareils qui traînent sur le sol. Nous continuons le jet de lest ; peu à peu le stabilisateur est soulevé ; la moitié déjà pend sous la nacelle ; je commande aux hommes d'équipe de pousser à l'eau notre engin d'équilibre ; au bout de quelques secondes le stabilisateur et le serpent flottent, et le *Méditerranéen* dégagé de tout lien avec la terre, s'avance lentement sur les flots.

Il est exactement 3 heures 45 minutes.

Nous disons au revoir aux quelques amis qui sont en dessous de nous ; ils nous souhaitent bon voyage pendant que, de tous côtés, la foule, sous l'étreinte d'une émotion et d'un silence trop longtemps contenus éclate en vivats et en applaudissements.

Le *Méditerranéen* poussé par une brise insignifiante du nord-est, s'avance sous les feux du projecteur de l'*Épée* dans la direction de Maguelone, pareil à un immense globe lumineux. Notre vitesse est si faible que des barques à rames, en grande quantité, peuvent nous suivre, et le spectacle est vraiment étrange de voir ces embarcations lancées comme des lutins, à la poursuite de cette boule de feu.

De toutes les barques montent des hourras en l'honneur du *Méditerranéen*. Et ce nous est une grande joie de voir, après toutes nos vicissitudes, la sympathie du public s'affirmer en notre faveur. Cela nous est une compensation des ennuis que nous avons éprouvés jusqu'ici.

Les barques peu à peu s'éloignent et regagnent Palavas.

Nous sommes seuls sur la Méditerranée, escortés par l'*Épée* qui paraît un oiseau de proie nous tenant sous la fascination de son regard; le vent nous pousse de plus en plus vers la terre. Si dans une heure nous n'avons pas changé de direction, le voyage du *Méditerranéen* sera terminé. Il faut donc sans hésiter demander à l'*Épée* une remorque.

Au moyen du porte-voix, nous hélons le contre-torpilleur.

« Attention !

— Attention ! nous répond-on.

— Nous désirons nous faire remorquer de suite.

— C'est bien ; mais pouvez-vous ralentir votre vitesse ?

— Oui, nous allons mettre des cônes-ancres à

l'eau, puis nous larguerons de notre nacelle un guide-rope en bastin [1].

— C'est bien, de notre côté, nous allons envoyer dans un berton deux matelots porteurs d'un câble, qu'ils frapperont sur le vôtre. Nous allons faire cette manœuvre en passant par votre droite.

— C'est bien, mais avez-vous assez de fond ?

— Oui. »

Et bientôt, grâce aux lueurs de l'aurore, nous voyons le berton qui vogue avec rapidité vers nous, monté par deux matelots de l'*Épée*.

« Attention ! crions-nous.

— Attention ! nous répond-on de l'*Épée*.

— Notre guide-rope de bastin ne s'est pas bien déroulé ; il forme un nœud sous la nacelle, il faut que les matelots du berton viennent jusqu'à nous pour le détacher.

— Oui, mais pouvez-vous encore ralentir votre vitesse ? l'embarcation ne peut pas vous rejoindre.

— Oui, nous pouvons la ralentir ; nous allons mettre à l'eau un nouveau cône-ancre.

— Bon. »

Et de fait, sous l'action d'un nouveau cône-ancre, le *Méditerranéen* a presque complètement stoppé.

Les matelots gagnent facilement la nacelle, défont

---

[1] Le bastin n'est pas autre chose que de la fibre de coco.

le nœud de la corde de bastin, attachent cette dernière à leur propre câble et regagnent l'*Épée*. Le commandant Moullé fait éteindre le projecteur.

« Attention ! nous crie l'*Épée*. Dans quelle direction voulez-vous être amenés ?

— Au sud 35° est.

— A quelle vitesse ?

— A la vitesse de 5 nœuds.

— Bien. »

Le jour se lève, et au grand étonnement des personnes qui nous observent encore de la plage, le ballon change complètement de direction et remonte carrément le vent, tiré par le contre-torpilleur.

L'opération du remorquage s'opère très facilement et le ballon, bien équilibré à 10 mètres environ au-dessus de la mer, glisse sans à-coup à la surface des flots.

5 heures du matin. — Nous profitons de la tranquillité qui règne à notre bord pour mettre un peu d'ordre dans tous nos filins et pour compléter l'arrimage intérieur de la nacelle.

A plusieurs reprises, nous demandons à l'*Épée* d'augmenter un peu la vitesse. Celle-ci atteint progressivement 7 nœuds.

Le soleil se lève derrière une panne de nuages.

C'est un bien mauvais présage qui nous indique la persistance des vents d'Est ; la côte disparaît sous la brume et nous ne distinguons déjà plus le hangar de Palavas qui, par un temps clair, est un nouveau point de repère pour les navigateurs du golfe du Lion.

La brise très faible tourne doucement vers le sud-est.

9 heures du matin. — La brise augmente d'intensité et nous éprouvons quelques mouvements d'oscillation verticale, heureusement sans aucun danger, car ils sont immédiatement corrigés et anéantis par la mise en prise des compensateurs. Par prudence cependant nous demandons à l'*Épée* de réduire sa vitesse à 6 nœuds.

Le moment nous semble aussi opportun d'expédier quelques pigeons pour apprendre à nos amis que le voyage s'effectue dans de bonnes conditions et que nous sommes en pleine sécurité. L'*Épée* étant un peu loin de nous pour communiquer à la voix, Laignier, notre officier de marine, monte sur le rebord de la nacelle et demande par signaux à bras une expédition de pigeons.

Bientôt sur un tableau noir, nous pouvons lire au moyen de jumelles en réponse à notre demande : « pigeons à table ». Ceci nous rappelle qu'il nous faut aussi donner à boire et à manger à ceux que nous emportons à notre bord. Ce travail m'incombe car, je cumule sur le *Méditerranéen* les fonctions de

colombophile, d'aéronaute et de chef d'expédition.
D'ailleurs, je ne suis pas le seul « cumulard » ; Castillon est à la fois aéronaute et cuisinier du bord.
Plusieurs d'entre nous, Laignier particulièrement,
animés d'un appétit féroce, réclament à grands cris
le déjeuner du matin. Castillon sort en grognant
du fond de la nacelle, et prépare les provisions.

Pendant que nous déjeunons, tout autour de nous
volent des pigeons. L'*Épée* vient d'effectuer son
premier lâcher. Le temps est devenu très clair ; la
terre est encore proche et cependant un grand
nombre de volatiles viennent se poser sur notre
ballon, malgré nos véhémentes protestations.

En déballant nos provisions, nous nous apercevons
qu'elles sont copieuses ; nous avons au moins dix
jours de vivres excellents. On félicite le cuisinier
du *Méditerranéen* et nous le baptisons avec une
bouteille de Saint-Galmier, fournisseur attitré des
cuisines des *Méditerranéens* présents et futurs. En
outre, nous avons pu emporter tous nos appareils,
grâce à la bonne qualité de notre gaz. Nous possédons à bord environ 520 kilogrammes de sable.
Les vivres et autres matières consommables représentent un poids de 280 kilogrammes, c'est donc un
total de 800 kilogrammes que nous avons à jeter.

Le *Méditerranéen I* perdait environ 120 kilogrammes par vingt-quatre heures ; le *Méditerra-*

néen II mieux construit, ne perd que 80 kilo-grammes environ ; nous avons donc 10 jours de vie assurée au-dessus des flots de la Méditerranée. Si seulement le vent nous était favorable ?

Si la brise voulait souffler de l'est-nord-est au sud-sud-ouest en passant par le nord, elle nous entraînerait dans une bonne direction. C'est plus de la moitié de l'horizon.... Hélas ! c'est du sud-est à l'est-sud-est que le vent paraît s'obstiner à vouloir souffler. C'est la seule direction qui nous soit contraire, et qui peut abréger nos expé-riences.

11 *heures*. — La brise augmente et elle souffle directement en sens contraire de notre marche.

L'*Épée* nous fait savoir qu'il est à l'allure de marche minima au-dessous de laquelle il ne peut descendre sans fatiguer ses machines. Nous le prions alors de changer légèrement de route et de se diri-ger vers le sud pour prendre un peu le vent par travers.

1 *heure*. — « Attention ! crions-nous à l'*Épée*.

— Attention !

— Nous allons stopper et attendre jusqu'au soir un vent plus favorable.

— C'est bien ».

Nous espérons toujours que la brise tournera au nord-est, ce qui nous permettrait d'enfiler le canal des Baléares et de prolonger pendant plusieurs jours nos expériences. Nous déjeunons très confortablement et surtout très tranquillement. Nous n'avons plus à nous occuper de rien et nous jouissons dans notre nacelle d'un repos que nous n'avons pas connu depuis de nombreux jours.

L'*Épée* dérive lentement, évité en travers au vent.

La mer est plate, et la brise du sud-est.

Les plus fatigués d'entre nous sommeillent pour réparer un peu leurs nuits blanches. Nous causons de tout ce que nous avons à faire, de nos projets, de nos espérances et déjà on discute les légères modifications à faire pour la prochaine expérience.

A plusieurs reprises nous communiquons avec l'*Épée*, soit à bras, soit au moyen d'un porte-voix. Nous demandons au commandant Moullé ce qu'il pense du vent, de la direction par laquelle nous dérivons.

Le commandant Moullé nous répond toujours très aimablement, se mettant à notre entière disposition mais il ne prévoit malheureusement aucun changement de temps.

Enfin nous attendrons. Notre situation est des plus agréables ; ici aucun importun pour nous ennuyer, aucun télégraphe pour nous apporter de mauvaises nouvelles ; c'est le doux farniente dans tout ce qu'il a de charmant et de pittoresque.

Et n'est-ce pas un spectacle vraiment curieux et digne du xxᵉ siècle que ce bateau et ce ballon stoppés côte à côte au milieu de l'immensité de la mer, comme deux frères d'armes prêts à s'entr'aider pour la défense de la patrie ?

Notre situation est tellement confortable et le vent tellement défavorable que nous décidons de passer ainsi la nuit.

Le coucher du soleil condense le gaz du *Méditerranéen* et des poches se forment dans le ballon; il importe de les faire disparaître au plus vite.

Castillon et Laignier grimpent dans le cercle pour tenir grande ouverte la manche du ballonnet que le vent aplatit.

Les autres passagers du ballon actionnent à bras le ventilateur et ils y vont avec un tel entrain qu'ils en ont les mains presque écorchées.

Pour nous consoler, Hervé nous promet que la prochaine fois le moteur se chargera de toutes ces manœuvres.

Laignier descend de son observatoire, les mains en sang; il a eu la mauvaise inspiration de mettre son doigt sur l'une des lames du ventilateur en marche. Heureusement la blessure n'est pas bien grave et la pharmacie que nous avons à bord nous permet de panser convenablement notre compagnon.

7 heures et demie. — C'est le moment de se mettre à table. Le dîner est très gai, le menu très appétissant, le voici.

HORS-D'ŒUVRE
Sardines, Mortadelle.

—

ENTRÉE
Veau froid.

—

RÔTI
Poulet froid.

—

DESSERT
Raisins, gâteaux secs.

—

VIN
Picpoul.

—

CAFÉ, LIQUEURS

L'éclairage de notre salle à manger modern-style nous est gracieusement offert par l'*Épée* qui nous inonde des feux de son projecteur.

A cette heure tardive de la journée et vu la condensation nocturne, j'autorise à pratiquer « le tout à l'atmosphère » et les bouteilles vides passent par-dessus bord.

Dans la journée au contraire, le moindre objet à jeter est mis en réserve dans un des cônes-ancres.

Pour réchauffer ce dîner un peu froid, nous fumons

quelques cigarettes. Le vent apparent est assez vif pour que nous puissions le faire sans aucun danger.

9 heures et demie. — L'*Épée* nous souhaite bonne nuit; nous lui répondons de même. Les projecteurs sont éteints et bientôt à bord de ces deux unités si différentes, unies pour quelques heures au milieu des flots, règne un silence profond.

Sur le *Méditerranéen*, deux d'entre nous s'étendent tour à tour au fond de la nacelle et dorment pendant que les autres surveillent le vent et la mer toujours pareils et sommeillent plus ou moins accroupis dans les coins.

Toutes les deux heures, le service de quart est relevé.

Mardi 24 septembre. — Le jour se lève : la brise n'a pas changé ; elle est toujours, faible de l'est-sud-est, et malheureusement nous sentons qu'il n'y a pas de chances pour qu'elle tourne. Je songe un moment à rester ainsi jusqu'au soir pour attendre un vent plus favorable, mais les expériences de remorquage et de stoppage en mer sont faites maintenant avec succès; il ne sert à rien de les prolonger davantage. Nous avons prouvé qu'un contre-torpilleur peut remorquer un ballon de 3.400 mètres cubes pendant des heures et probablement des journées, le porter au vent d'une position et se maintenir avec lui en mer au mouillage.

Il nous faut maintenant quitter la remorque que nous a donnée l'*Épée*. C'est aussi la première fois qu'une manœuvre de ce genre a lieu en mer ; il est nécessaire de bien prendre toutes nos précautions pour la faire réussir.

Nous profiterons ensuite des quelques heures que nous disposons avant d'être jetés à la côte, pour essayer les divers appareils que nous avons emportés.

La première manœuvre qu'il nous faille faire est de recharger de lest notre ballon ; car avec la chaleur solaire, la force ascensionnelle du *Méditerranéen* va augmenter, et, il nous faut diminuer autant que possible cette force au moment où, coupant la remorque qui nous rattache à l'*Épée*, nous ne subirons plus la traction du câble.

Tout le monde se met à l'ouvrage ; nous remplissons les compensateurs et en outre deux réservoirs en toile d'une contenance de 150 litres.

Chacun est occupé ; l'un pompe, l'autre monte les seaux, hisse les compensateurs, descend les cônes-ancres à l'eau.

Nous sommes prêts.

« Attention ! crions-nous du ballon. Nous désirons lâcher la remorque et nous allons commencer des expériences de déviation.

— Bon ! je vais envoyer le berton avec les matelots pour séparer les deux câbles.

— C'est ça ; que les matelots apportent une hache, et nous monterons chacun à nos bords respectifs notre propre amarre.

— C'est entendu, mais il faut que vous attendiez une demi-heure pour que je puisse pousser mes feux.

— Bien ! »

Nous occupons ce loisir à déjeuner de gâteaux secs que nous puisons à pleines mains dans une boîte en fer-blanc déposée au milieu de la nacelle.

9 heures et demie. — « Attention ! nous crie-t-on de l'*Épée*.

— Bon.

— Nous sommes prêts.

— Nous aussi. »

Quelques instants après, l'embarcation de l'*Épée* est à l'eau et se dirige vers l'amarre ; les matelots la saisissent, tranchent et le *Méditerranéen* libre, se met insensiblement en route dans la direction d'Agde. Le lâchage de la remorque a parfaitement réussi.

Nous passons beaucoup de temps à hisser à bord et à lover notre immense guide-rope.

Enfin c'est fait, et nous nous occupons de la mise à l'eau du déviateur *à minima*.

Grâce à l'antenne mobile, nouveau perfectionnement des appareils du *Méditerranéen*, perfectionnement qui nous permet de porter complètement sur le côté le gros stabilisateur et de dégager ainsi tout l'arrière du ballon, nous pouvons facilement descendre le déviateur.

Peu à peu il s'immerge, et obéit à merveille à ses deux amarres. Aussitôt la route du *Méditerranéen* s'écarte franchement du vent arrière et notre compas nous indique une déviation d'environ 30 degrés. Je prie le commandant de l'*Épée* de se placer exactement dans notre sillage pour faire lui-même cette mesure.

Ses observations concordent avec les nôtres.

Nous faisons ensuite un peu de déviation sur la gauche.

Puis nous hissons le déviateur *a minima* pour expérimenter le déviateur *a maxima*, qui nous permettrait une déviation beaucoup plus importante. Pour cela, il nous faut exécuter une manœuvre assez longue au milieu des nombreux cordages qui relient la nacelle au cercle.

Afin de faire le moins de route possible dans l'Ouest, nous mettons deux cônes-ancres à la mer ; ceux-ci forcent beaucoup et ralentissent notre marche.

Il est nécessaire d'envoyer de l'air dans le ballonnet qui se creuse de poches ; à ce moment la brise fraîchit, toujours de la même direction. Nous observons un vent moyen de 8 à 10 mètres, légère houle du vent. Il devient urgent de diminuer la résistance des cônes-ancres ; nous les remontons, mais aussitôt notre vitesse augmente jusqu'à 17 nœuds ; le stabilisateur offre une résistance assez forte ; il serpente sur les lames, et, à diverses reprises, la nacelle vient effleurer la surface de la mer pour rebondir aussitôt sans le moindre choc sous l'action des compensateurs. Nous pouvons ainsi constater la merveilleuse répartition des divers engins successifs d'équilibre du *Méditerranéen*. Un ballon ordinaire aurait, dans des circonstances analogues, embarqué d'énormes paquets de mer.

Nous profitons de l'état de la Méditerranée pour nous prouver à nous-mêmes qu'il nous est facile, en cas de besoin, de soulever de l'eau nos appareils d'équilibre et de filer en ascension libre, c'est-à-dire sans contact avec les flots.

Nous jetons l'eau emmagasinée le matin, les bidons d'huile. Nous filons le serpent de corde sur le bout de son palan. Bientôt la nacelle monte à une quarantaine de mètres en soulevant tous les autres appareils ; le serpent à son tour se détache de la mer. Nous glissons alors sans la moindre oscillation verticale et sans la moindre secousse ; notre vitesse devient égale à celle du vent et nous voyons au loin l'*Épée*, un moment distancé, forcer les feux et se couvrir de fumée pour nous rejoindre. Le commandant du bord nous signale au moyen de pavillons qu'il augmente de vitesse autant que possible.

C'est alors pour nous une sensation indéfinissable de bien-être et de sécurité que de naviguer avec rapidité au-dessus de ces flots écumeux sans éprouver le moindre mouvement, sans sentir le plus petit souffle de vent.

Bientôt nous apercevons se dessiner dans la brume la silhouette de la montagne de Cette ; l'*Épée* nous confirme que nous allons dans la direction de l'étang de Thau.

Il devient urgent de prendre toutes nos précautions pour l'atterrissage. Les cartes nous indiquent que l'étang est séparé de la mer par une bande de sable de 700 à 800 mètres de largeur en moyenne.

Je tiens à descendre aussi près que possible de la mer, car c'est là que finit logiquement le champ d'expériences du *Méditerranéen*.

Je fais disposer l'ancre, le guide-rope, ranger tous les objets fragiles ou susceptibles de blesser les passagers à l'atterrissage. Castillon monte dans le cercle ; il détache la corde de soupape et la corde de déchirure et les descend jusque dans la nacelle, où je les mets à portée de ma main.

L'appendice du ballon est fortement attaché.

La chaleur du soleil, qui n'est plus combattue par le vent relatif dû à la résistance de nos appareils, dilate le gaz et, pour ne pas nous emballer en hauteur, je dois soupaper à diverses reprises.

La côte approche à vue d'œil. Le commandant de l'*Epée* nous signale qu'il ne peut plus suivre et qu'il met le cap sur Cette. La mer déferle avec violence sur la plage. A 100 mètres, je tire la soupape à fond. Duhanot coupe la corde d'ancre, mais l'ancre est bien inutile. Le stabilisateur, qui a repris le contact, nous arrête.

Je tire la corde de déchirure et nous tombons doucement au milieu des vignes, à 100 mètres à peine de la mer. Il est 3 heures 45 ; nous sommes donc restés 36 heures en l'air. Le ballon a atterri entre Agde et Cette, dans la propriété des Salins du Midi, à l'endroit connu sous le nom de Capite.

Grâce à l'obligeance du directeur de la compagnie des Salins et du régisseur M. Michel, tout le matériel a pu facilement être transporté en lieu sûr et réexpédié à Paris. La peau du ballon fortement mouillée par un orage qui éclata la nuit même de l'atterrissage fit le lendemain une nouvelle traversée maritime à bord d'un bateau de pêche ; elle traversa ainsi tout l'étang de Thau jusqu'à Bousigue où MM. Guibal et Vivarès mirent aimablement à ma disposition un grand hangar. Quelques jours après, l'enveloppe du *Méditerranéen* complètement séché regagnait à son tour son hangar de Montmartre où elle attend un nouveau départ pour Palavas.

XII

BUT DE L'AÉRONAUTIQUE MARITIME

RÉSULTATS DES EXPÉRIENCES DE 1901 ET DE 1902

*Communication faite à la Société de Géographie
le 6 mars 1903.*

C'EST avec un sentiment de vive satisfaction que je prends encore aujourd'hui la parole au milieu de vous pour vous entretenir de faits et d'expériences aéronautiques ; je suis particulièrement heureux de voir les sciences aériennes conquérir droit de cité parmi les travaux de notre Société.

Si, au premier abord, il peut paraître étrange de voir une Société de Géographie s'intéresser à l'aérostation, quelques instants de réflexion montrent combien, au contraire, cette science nouvelle s'adapte bien au programme qui nous est tracé.

Le ballon avec les perfectionnements successifs qui, de jour en jour, le rendent plus maniable, avec les utilités diverses que nos savants lui découvrent, tend à devenir dans une époque peut-être très rapprochée un véhicule parfait pour les explorations longues et dangereuses.

Là, où les voies terrestres seront impraticables, les voies aériennes seront toujours largement ouvertes, et faciliteront aux voyageurs la pénétration des terres les plus fermées.

Dès maintenant, on peut citer des exemples à l'appui de la thèse que je défends. Il y a trois ans, je franchissais en pleine sécurité à bord du ballon le *Centaure* les immenses marais de Pinks dont les vases mouvantes étendues sur un territoire de plusieurs centaines de lieues carrées, seraient le tombeau de quiconque oserait s'y aventurer par des moyens de locomotion terrestre.

Je vous disais, l'année dernière, que le champ d'action de l'aéronautique ne devait pas se limiter aux continents seulement, mais qu'il devait aussi embrasser l'étendue cinq fois plus vaste des mers.

Il est logique, en effet, que les ballons dont l'empire est l'atmosphère puisse se promener en toute confiance dans l'immensité de cette atmosphère, comme les bateaux sillonnent tous les Océans et comme les chemins de fer parcourent toutes les terres.

Pourtant jusqu'ici, il n'en paraissait pas ainsi. Si de nombreux ballons circulaient à travers l'atmosphère terrestre, bien peu affrontaient l'atmosphère maritime.

Les aéronautes évoquaient pourtant bien souvent dans leurs rêves des traversées au-dessus des mers, mais la réalisation leur en semblait difficile et pleine de périls, car ils n'avaient jamais songé à se servir d'un matériel spécial. De même, les chemins de fer des régions montagneuses sont pourvus de certains appareils inutiles aux chemins de fer des plaines, de même les navires qui évoluent sur les grandes nappes d'eau sont différents des bateaux des rivières et des lacs, de même les ballons qui peuvent être appelés à naviguer au-dessus des flots, doivent posséder des engins appropriés à cette utilisation nouvelle.

C'est, en un mot, la création d'une aéronautique maritime, but des expériences du *Méditerranéen*. Le but des deux expéditions que j'ai entreprises en 1901 et en 1902 et de celles qui vont suivre n'est pas, comme on le pense généralement, la traversée de la Méditerranée des côtes de France aux côtes africaines. Il faut bien se rendre compte en effet, que la traversée de la Méditerranée accomplie dans l'état actuel de l'aérostation serait un simple « raid » sportif sans intérêt scientifique ; ce ne serait qu'une heureuse utilisation de circonstances météorologiques spéciales et tellement rares que, peut-être, elles ne se reproduiraient pas deux fois dans la même année. Si, au contraire, la traversée de la Méditerranée en ballon pouvait se faire d'une manière à peu près régulière et quand le besoin s'en ferait sentir, c'est qu'on aurait résolu d'une façon complète le problème de la dirigeabilité pratique des aérostats.

Que l'on examine maintenant les résultats obtenus jusqu'à ce jour par les ballons dirigeables terrestres et l'on comprendra l'énormité du travail que l'on nous impose. Les trois seuls ballons dirigeables qui aient pu évoluer au-dessus de la terre sont : la *France* de Renard et Krebs, le *Santos-Dumont* et le *Jaune* des Lebaudy ; ils sont arrivés à grand'peine dans des conditions atmosphériques favorables, à parcourir des distances de 10 à 11 kilomètres et leur séjour dans l'air n'a même pas atteint une heure. En outre, chacun a encore présent à l'esprit les accidents nombreux qui précédèrent l'ascension célèbre de Santos-Dumont autour de la tour Eiffel.

Lorsque l'on veut nous obliger à traverser la Méditerranée de façon régulière, que nous demande-t-on ?

Simplement de diriger notre ballon sur un parcours de 1 000 kilomètres et pendant une durée minima de deux jours. En résumé, on nous demande de centupler le parcours réalisé jusqu'ici par les ballons automobiles, c'est-à-dire de révolutionner la science du jour au lendemain. Si le public voulait bien raisonner un peu, il comprendrait que l'effort qu'il nous impose, est surhumain et que jamais on n'a constaté de bouleversement si rapide en aucune science.

Mais alors, nous dira-t-on, à quoi servent vos expériences? Elles ont pour but la conquête définitive et complète de la mer par les aérostats. Mais cette conquête sera lente, car si les ballons automobiles terrestres ne peuvent encore effectuer qu'à de bien rares intervalles et par des situations météorologiques très favorables, des parcours de quelques kilomètres, les ballons automobiles maritimes sont encore bien moins avancés.

Parmi ces derniers, un seul a été expérimenté et a donné lieu à une catastrophe : je veux parler des expériences de Monaco en 1901.

En effet, si les ballons automobiles terrestres offrent de grandes difficultés de réalisation, les ballons automobiles maritimes présentent, en outre des premiers, des obstacles spéciaux et considérables. Si un ballon dirigeable terrestre est surpris par une avarie, un manque de combustible, l'épuisement du lest ou un vent supérieur à sa vitesse propre, il en est quitte pour atterrir. L'atterrissage se fera plus ou moins bien, sur des toits, au milieu des arbres, mais quand le ballon sera à terre et que l'aéronaute aura échappé aux mille difficultés de cette fin d'expérience, il sera sauvé définitivement.

Sur mer, au contraire, c'est à ce moment même que de nouvelles difficultés surgissent. Le ballon entraîné au-dessus des flots et obligé de descendre pour une des raisons indiquées plus haut, devra s'y maintenir de longues heures, des journées peut-être sous peine de catastrophe irrémédiable. Et non seulement, il devra se maintenir au-dessus des vagues, mais si sa malchance l'a entraîné au milieu de l'une des zones de solitude si nombreuses à la surface des Océans, il devra posséder à bord des appareils lui permettant de se diriger dans une certaine mesure et de gagner ainsi une route de navires ou une côte.

C'est en se basant sur ces considérations d'ordre général que M. Hervé a établi un programme méthodique des expériences à faire et des résultats à obtenir simultanément pour aboutir à la réalisation pratique du ballon maritime automobile.

Il est nécessaire avant tout d'assurer aux ballons naviguant au-dessus des flots une sécurité parfaite. Cette sécurité, comme je vous le disais plus haut, résulte de la manière dont le ballon est équilibré et dont il peut se rapprocher d'une côte ou d'un navire sauveteur. C'est par ces deux premiers points que M. Hervé a attaqué l'étude expérimentale de l'aéronautique maritime moderne.

Dans une note présentée par M. Cailletet à l'Académie des Sciences, mon collaborateur caractérisait, sous le nom d'équilibre dépendant et de direction partielle dépendante, ce nouveau mode de navigation auxiliaire ; il ajoutait qu'une fois cette double question résolue, un ballon pourrait entreprendre avec sécurité des expériences d'équilibre à toute altitude et de dirigeabilité absolue. M. Hervé disait en outre, qu'il serait funeste dans les conditions encore précaires de la navigation aéro-maritime, d'entreprendre la réalisation des deux dernières phases sans avoir auparavant résolu d'une manière sûre et complète les deux premiers termes.

Comme pour donner raison à l'auteur, Santos Dumont entreprenait alors des expériences de dirigeabilité absolue dans la baie de Monaco et coulait à pic, avec son aérostat, à 300 mètres de la côte. Cet échec était très instructif, surtout succédant au voyage du *Méditerranéen I*, où pendant quarante et une heures, cet aérostat se promenait en toute sécurité au-dessus de la mer et finalement, par une manœuvre toute nouvelle, descendait, avec précision sur le pont d'un navire de guerre le *Du Chayla*.

L'expédition du *Méditerranéen I*, ajoutée à celle du *National* entreprise par M. Hervé en 1886 confirma toutes nos espérances et nous prouva mieux que toute théorie, que nous avions attaqué judicieusement le problème de l'aéronautique maritime.

Notre pensée fut alors d'augmenter encore les ressources de notre matériel par l'addition de moteurs et de propulseurs.

Mais avant d'entrer dans cette voie nouvelle, nous avons cru plus prudent d'exécuter d'abord une expérience récapitulative des divers types d'appareils précédemment expérimentés par nous, de façon que, dans la prochaine expédition, les essais n'aient plus à porter que sur la partie motrice du système, tous les autres points étant élucidés.

Ce fut là le but de l'expédition du *Méditerranéen II.*

L'équipage du *Méditerranéen II* se composait en dehors de moi, de MM. Henri Hervé, Laignier, enseigne de vaisseau, de Castillon de Saint-Victor, Duhanot, ingénieur mécanicien.

Le *Méditerranéen II* cubait 3.400 mètres ; il était pourvu à son pôle supérieur d'une partie légèrement conique, appelé cône d'écoulement et destiné à empêcher l'eau de pluie où la rosée de s'emmagasiner sur le haut de l'aérostat et de l'alourdir d'une manière intempestive.

Grâce à la bonne qualité du gaz, nous pûmes emporter outre les appareils, 800 kilos de lest. Ceux-là se composaient des équilibreurs du type flexible et du type articulé porté à dessein à près de 800 kilos, des déviateurs à maxima et à minima, des compensateurs ou lesteurs hydrauliques, des cônes ancres et de divers autres appareils de mesures tel que loch marin, goniomètre, sextant, anémomètre, etc.

Le *Méditerranéen II* possédait aussi à son bord un établi complet permettant instantanément les réparations urgentes ou les légères modifications. C'était en somme un véritable laboratoire aérien.

Le départ s'effectua le 22 septembre à 3 heures 45 du matin et l'atterrissage eut lieu à Capite près de l'étang de Thau après 36 heures d'expériences en mer. Nous possédions encore à notre bord tous nos appareils et plusieurs centaines de kilos de lest résiduel. Nous aurions donc pu, comme l'année précédente, prolonger notre voyage si les vents ne nous avaient pas poussés à la côte.

Pendant l'expédition du *Méditerranéen II*, le déviateur à minima, bien que réduit dans cette expérience à 1 m. 60 et à 23 kilos, nous donna cependant une déviation de 30 degrés. Cette déviation fut mesurée avec précision par le lieutenant de vaisseau Moullé, commandant l'*Épée*, notre navire convoyeur; l'année précédente, l'angle de déviation obtenu par les appareils du *Méditerranéen I* fut mesuré par le capitaine de frégate Serpette, commandant le *Du Chayla*.

L'emploi du déviateur à maxima permettant d'autre part d'obtenir jusqu'à 60 degrés par beau temps, comme il a été constaté lors des essais du *National* en 1886, la supériorité considérable de ces dispositifs sur la méthode de la voile notamment demeure établie. La méthode de la voile a été employée en 1896 par M. Strindberg, le compagnon d'Andrée et, d'après les rapports de l'époque, elle n'aurait pas dépassé 8 degrés.

Depuis, le colonel Renard, entreprit de nouvelles expériences pour être définitivement fixé sur la valeur de la déviation à voile ; les résultats qu'il obtint, résultats minutieusement contrôlés furent encore inférieurs à ceux annoncés par Strindberg. En outre, la méthode de la déviation à voile comporte des appareils très lourds, très encombrants et très dangereux par mauvais temps, surtout si on les compare à nos déviateurs lamellaires dont le poids, je le disais plus haut, est de 23 kilos et l'encombrement de 1 m. 60.

L'équilibre dépendant avait aussi merveilleusement réussi. Nous avions enfin terminé notre expédition par une ascension libre, c'est-à-dire sans aucun contact avec les flots ; nous répondions ainsi victorieusement aux critiques qui nous reprochaient d'être esclaves de mer. Il est clair que si le but que nous poursuivons était de créer un ballon immuablement fixé à quelques mètres au-dessus des flots et se dirigeant plus ou moins bien avec des déviateurs, nous perdrions notre temps et notre argent ; car nous n'arriverions jamais qu'à faire de ce ballon un appareil hybride qui n'aurait ni les qualités d'un aérostat ni celles d'un bateau, mais posséderait les défauts des deux. Au contraire, la facilité que nous avons dès maintenant de nous dégager, en cas de besoin, de la surface des eaux sans abandonner pour cela aucun appareil, a une importance capitale, car elle nous permet, dans la pratique, de franchir un obstacle rencontré sur notre route, tel une île, une côte, un navire ennemi ; elle nous permet aussi de forcer le blocus d'un port.

L'expédition du *Méditerranéen II* eut enfin pour résultat de mettre en lumière de curieuses expériences de remorquage entre un navire de guerre et un ballon ; pendant plusieurs heures, notre aérostat fut facilement tiré par le contre-torpilleur l'*Épée* à une vitesse de 6 nœuds et il fut ainsi transporté à 40 milles au large dans la direction désirée.

Certains journaux ont cru bon de plaisanter cette manœuvre et de déclarer que le *Méditerranéen* était un ballon parfaitement dirigeable à la condition qu'il fût remorqué par un navire de guerre. Le *Méditerranéen* n'a nullement la prétention d'être, dès à présent, un ballon dirigeable, mais il a celle d'être un ballon pratique pouvant rendre des services immédiats en attendant que les ballons automobiles de l'avenir deviennent assez perfectionnés pour le remplacer. Or comme à l'époque actuelle de l'aéronautique il faut avant tout compter avec le vent, il était intéressant de savoir, au cas où un ballon aurait besoin de passer par-dessus une position, s'il ne serait pas possible, malgré une brise défavorable, de le porter au vent de cette position.

Je prends un exemple : supposons la Corse bloquée par une escadre ennemie; l'on voudrait avoir des renseignements exacts sur les forces qui l'entourent. Le *Méditerranéen* est installé sous son hangar à Palavas dans le fond du golfe du Lion ; et le vent souffle de l'ouest à l'ouest. Si donc on lâche le *Méditerranéen* de ce point, il ira se promener du côté des Alpes et ne passera pas au-dessus de la Corse. Si, au contraire, un navire peut venir le prendre et le remorquer à 50 ou 60 milles dans le sud, la ballon lâché alors, s'élèvera dans les airs et emporté par le vent ouest-est, il passera au-dessus de la Corse et pourra fournir les renseignements qu'on attendait de lui.

Voici quel était le but des expériences de remorquage du *Méditerranéen* ; elles ont prouvé que la manœuvre que je viens d'indiquer était possible.

Le *Méditerranéen* a fait en outre de concert avec l'*Épée* des manœuvres de dérive stoppée et pendant toute une nuit, notre ballon relié par un long câble au contre-torpilleur s'est pour ainsi dire mis au mouillage en pleine mer attendant le jour pour poursuivre ses expériences ; il était très curieux de voir ces deux unités maritimes si différentes reposer côte à côte au milieu de l'immensité de la mer.

L'aérostat s'est aussi tenu constamment en rapport avec son navire convoyeur au moyen de signaux optiques ou phoniques.

L'expédition du *Méditerranéen II* a donc servi non seulement à confirmer les résultats obtenus dans le *Méditerranéen I* en ce qui concerne la déviation et l'équilibre dépendant, mais d'autre part à étudier d'une manière précise les rapports éventuels des navires de guerre et des ballons.

Nos expériences d'aéronautique maritime ont donc déjà résolu un certain nombre de questions très intéressantes au double point de vue aéronautique et militaire. Et dès maintenant, en cas de besoin, l'on pourrait obtenir d'un ballon ainsi gréé les services les plus appréciables.

Mais le programme que M. Hervé et moi nous sommes tracé est bien autrement vaste et les expériences précédentes n'en constituent pour ainsi dire que la base. Avant de faire une maison, il est nécessaire d'en asseoir les fondations qui font la sécurité de tout l'édifice. Il en est de même en aéronautique ;

les expériences d'équilibre dépendant et de direction partielle dépendante que nous venons de réaliser trois fois de suite avec succès constituent des bases solides sur lesquelles nous pouvons maintenant construire sans crainte tout le vaste édifice que notre imagination a conçue.

Nous allons cette année, si nous en avons les moyens, nous attaquer au problème considéré jusqu'ici comme si difficile de l'équilibre indépendant et de la direction indépendante. M. Hervé a profité de l'hiver pour faire dans un grand hall de Paris, des expériences nouvelles sur des ballons et des appareils présentant le sixième de la résistance à l'avancement du *Méditerranéen*.

Ces expériences ont donné les résultats suivants. La stabilité de route du ballon sphérique muni sous certaines dispositions de moteurs et de propulseurs est assuré soit au contact avec le sol, soit sans contact ; j'appelle sol, le plan d'équilibre formé par la terre ou par l'eau. En outre, par calme complet, le ballon sphérique peut se diriger à une vitesse de 14 kilomètres à l'heure en équilibre dépendant ou indépendant. Cette accélération peut s'ajouter à la vitesse propre du vent dans un cas de direction favorable. La direction d'un ballon sphérique pourra toujours s'effectuer tant que le courant ne dépassera pas 4 mètres à la seconde.

Dans le cas d'une vitesse de vent supérieure à 4 mètres, la déviation automobile entrera alors en jeu. Elle pourra s'exercer avec ou sans contact du sol. L'angle de déviation diminuera bien entendu au fur et à mesure que la vitesse du vent augmentera, mais il ne sera jamais nul et atteindra environ 45 degrés à droite ou à gauche par un vent de 8 mètres. Autrement dit, par un vent de 8 mètres, un ballon sphérique pourra encore se diriger dans un secteur de 90 degrés.

Enfin les expériences de l'hiver dernier nous font aussi considérer comme résolu dès maintenant l'équilibre indépendant, grâce à un dispositif mécanique très ingénieux imaginé par mon ami Hervé. Nous disposons par ce moyen nouveau d'un lestage ou d'un délestage instantané de deux cents kilos.

Les déviateurs lamellaires et les stabilisateurs passent donc dès aujourd'hui et beaucoup plus tôt que nous osions l'espérer au rôle d'engins de secours.

L'expédition prochaine du *Méditerranéen* aura pour but la vérification de ces divers points. Si les résultats que je viens de vous indiquer sont confirmés en grand, ils auront une portée considérable pour l'aéronautique, car ils s'adresseront non seulement aux ballons maritimes mais aussi aux ballons continentaux. Ils constitueront la transition nécessaire entre les ballons libres ordinaires et les ballons automobiles complets et ils permettront d'entrevoir d'une manière plus tangible la solution pratique du problème de la locomotion aérienne.

XIII

LISTE DE MES ASCENSIONS

MA PREMIÈRE ASCENSION

17 juillet 1898.

Le *Volga*, ballon de 1 000 mètres cubes.

Pilote : M. Mallet.

Passagers : de La Vaulx et de Castillon, néophytes.

1er départ de l'aérodrome de la rue Spontini à 6 h. 05 du soir.

Escale à 1 heure du matin sur une grande route à l'entrée du village de Condé, derrière la forêt de Rambouillet.

2e départ à 6 heures du matin le 18 juillet. Nouvelle escale à Couture à 11 heures du matin et transport du ballon gonflé jusqu'à Ezy-sur-Seine par la route.

3e départ à 2 heures et demie et descente définitive à 5 heures du soir dans un carrefour de la forêt de Dreux près d'Anet.

Durée du voyage avec escales : 22 h. 55.

Sans les escales : 14 h. 25.

Distance parcourue[1] : 66 kilomètres.

Hauteur maxima atteinte : 3 500 mètres.

A partir de ce jour ma vocation aéronautique était décidée.

2e ASCENSION

22 *juillet* 1898.

Le *Volga*, ballon de 1 000 mètres cubes.

Pilote : M. Mallet.

Passagers : de La Vaulx et de Castillon.

Départ de l'aérodrome de la rue Spontini à 11 heures du soir.

Descente à 7 h. 15 du matin le 23 juillet par fort vent et orage, à Petange près de Luxembourg (Grand-Duché de Luxembourg).

Altitude maxima atteinte : 2 000 mètres.

Durée du voyage sans escales : 8 h. 15.

Distance parcourue : 282 kilomètres.

---

1. Toutes les distance sont calculées du point de départ au point d'atterrissage par une ligne droite tracée sur un planisphère.

3ᵉ ASCENSION

22 *octobre* 1898.

Le *Volga*, ballon de 1.000 mètres cubes, gonflé avec le gaz hydrogène provenant du ballon captif de la rue Spontini.

Pilote : M. Mallet.

Passager : de La Vaulx.

Départ de l'aérodrome de la rue Spontini à 5 h. 45 du soir.

Atterrissage le 23 octobre à 1 heure de l'après-midi, à Retzow près de Rostock, frontière du Mecklembourg et de la Poméranie.

Durée du voyage : 19 h. 15.

Distance parcourue : 930 kilomètres.

4ᵉ ASCENSION

30 *avril* 1899.

Le *Volga*, ballon de 1 000 mètres cubes, muni de 4 ballonnets de 50 mètres cubes chacun.

Pilote : M. Mallet.

Passagers : de La Vaulx et de Castillon.

Départ de l'usine à gaz du Landy (plaine Saint-Denis) à 7 h. 18 du soir.

Descente le 1er mai à Nouans près Beaumont-sur-Sarthe (Sarthe), à 10 h. 45 du matin.

Durée du voyage : 15 h. 27.

Distance parcourue : 183 kilomètres.

Expérience d'équilibre avec les ballonnets réservoirs. Mauvais résultats.

5ᵉ ASCENSION

14 mai 1899.

Le *Volga*, ballon de 1 000 mètres cubes.

Pilote : Maurice Mallet.

Passager : de La Vaulx.

Départ du Landy à 7 h. 48 du soir.

Atterrissage le 15 mai à 4 h. 45 du matin, à Serooskerke, île de Walcheren (Hollande).

Durée du voyage : 9 h. 17.

Vitesse à l'heure : 34 kilomètres.

Distance parcourue : 307 kilomètres.

Pluie torrentielle pendant une partie du voyage.

6ᵉ ASCENSION

12 juin 1899.

Le *Centaure*, ballon de 1 630 mètres cubes (son baptême).

Pilote : de La Vaulx.

Aide : M. Mallet,

Adjonction au *Centaure* de 4 ballonnets satellites.

Départ à 7 h. 40 du soir des Tuileries (concours pour la Coupe des aéronautes).

Atterrissage le 13 juin à 7 h. 40 du matin, à Lille-dele près Marans (Vendée), sur le rivage même de l'Atlantique.

Le *Centaure* arrêté par l'Océan possède encore 400 kilos de lest.

Durée du voyage : 12 heures.

Distance parcourue et homologuée : 390 kilomètres.

Le *Centaure* gagne par cette course, la coupe des aéronautes.

C'est la première sortie et la première victoire de ce ballon ; c'est aussi la première fois que je pilote un aérostat sous les yeux de mon professeur.

7ᵉ ASCENSION

17 *juin* 1899.

Le *Centaure*, 1 630 mètres cubes.

Pilote : de La Vaulx.

Passagers : Lehideux, Oberkampf, Jacques Fauré, néophytes.

Pour la première fois je monte en ballon sans mon professeur et j'emmène trois amis néophytes.

Départ à 7 heures du soir des Tuileries.

Atterrissage le 18 juin à 6 h. 45 du matin, à Vouzeron aux environs de Vierzon (Cher).

Durée du voyage : 11 h. 45.

Distance parcourue : 188 kilomètres.

8ᵉ ASCENSION

5 *juillet* 1899.

Le *Centaure*, 1 630 mètres cubes.

Pilote : de La Vaulx.

Passagers : A. M. Singer. L. Labbé, Marcellin, tous néophytes.

Départ à 6 heures du soir des Tuileries.

Atterrissage à 9 h. 10 du. soir, à Maise (Beauce).

Durée du voyage : 3 h. 10.

Distance parcourue : 64 kilomètres.

9ᵉ ASCENSION

7 *juillet* 1899.

Le *Pégase*, ballon de 650 mètres cubes.

Pilote : de La Vaulx.

Passager : Falkenor, néophyte.

Départ à 6 h. 10 des Tuileries.

Descente à 7 h. 25, à Rungis près de Fresne (Seine).

Durée du Voyage, 1 h. 15.

Distance parcourue : 13 kilomètres.

10ᵉ ASCENSION

8 *juillet* 1899.

Le *Centaure*, 1 630 mètres cubes.

Pilote : de La Vaulx.

Passagers : M. et Mᵐᵉ Serpollet, E. Aimé, vicomte de Monthières, néophyte.

Départ à 11 heures et demie du matin des Tuileries.

Atterrissage à 2 heures et demie de l'après-midi, à Villiers-le-Bâcle, à l'entrée de la vallée de Chevreuse.

Durée du voyage : 3 heures.

Distance parcourue : 20 kilomètres.

11ᵉ ASCENSION

9 *juillet* 1899.

Le *Centaure*, 1 630 mètres cubes.

Pilote : de La Vaulx.

Passagers : Mlle Jeanne Masson, E. Maas, Blan-
quies, Achard cycliste ; tous néophytes.

Départ des Tuileries à 7 h. 35 du soir.

Expérience militaire.

Paris est assiégé ; un corps d'armée vient au
secours de la capitale ; on envoie des ballons porteurs de cyclistes et de leurs machines pour remettre
au plus vite une lettre à l'armée de secours. Dans
cette lettre sont renfermés les plans combinés d'at-
taque pour prendre l'armée assiégeante entre deux
feux. Il faut donc que le ballon parvienne à franchir
la zone occupée par l'ennemi et à déposer le cycliste
en terrain sûr.

L'ennemi est représenté par un cordon de cyclistes
et d'automobiles qui enserrent la ville et se mettent
à la poursuite des aérostats.

Escale à 7 heures du matin, le 10 juillet, à Marchenoir (Loir-et-Cher) ; débarquement du cycliste et de
sa machine à l'abri de toute poursuite. L'expérience
a donc réussi ; la lettre est sauvée.

Nouveau départ à 7 h. 15 du matin.

Descente définitive à 9 h. 45 du matin le 10 juillet,
à Mer-sur-la-Loire près de Blois.

Durée du voyage avec escales : 14 h. 10.

Durée du voyage sans les escales : 14 heures.

D'une seule traite : 11 h. 30.

Distance parcourue : 151 kilomètres.

12ᵉ ASCENSION

19 *octobre* 1899.

La *Lorraine*, ballon de 1 200 mètres cubes.

Pilote : de La Vaulx.

Passagers : Comte d'Hauterive, Ricard, néophytes.

Départ du parc aérostatique de Vaugirard à 11 h. 50 du matin.

Atterrissage à 3 h. 30 de l'après-midi, à Bois-Boudran, chez le comte Rœderer.

Durée du voyage : 3 h. 40.

Distance parcourue : 180 kilomètres.

Vitesse moyenne : 49 kilomètres par heure.

13ᵉ ASCENSION

20 *octobre* 1899.

L'*Aéro-Club* nº 2, 1 550 mètres cubes (son baptême).

Pilotes : de La Valette, de Castillon, Faure, Archedeacon, de La Vaulx.

Départ de l'usine à gaz du Landy à midi 15.

Escale à Freneuse près Mantes, à 6 h. 15 du soir.

La Valette, Archedeacon et Faure débarquent et

sont remplacés par du lest. Nouveau départ de l'*Aéro-Club* à 6 h. 45. L'*Aéro-Club* repasse sur Paris, va dans l'Yonne, puis il passe sur Reims et atterrit définitivement à 11 h. 50 de la nuit le 21 octobre sur la commune de Void près de Commercy (Meuse).

Durée du voyage avec escales : 35 h. 35.

Durée du voyage sans les escales : 35 h. 05.

Durée du voyage d'une seule traite : 29 h. 05.

Distance parcourue : 240 kilomètres.

Record mondial de la durée à l'époque : homologué.

14ᵉ ASCENSION

1ᵉʳ novembre 1899.

Le *Centaure*, 1 630 mètres cubes.

Pilote : de La Vaulx.

Passagers : Prince Karageorgewitch et le comte de Boussignac, néophytes.

Départ du Landy à 8 h. 15 du soir.

Atterrissage en vue des phares de Boulogne, à 11 h. 10 du soir par la tempête.

Distance parcourue : 205 kilomètres.

Durée du voyage : 2 h. 55.

Vitesse à l'heure : 60 kilom. 260.

15ᵉ ASCENSION

16 novembre 1899.

L'*Aéro-Club*, 1 550 mètres cubes.

Pilotes : de Castillon et de La Vaulx.

Passagers astronomes, Tikoff et Lespiau, deux néophytes.

Observation des Léonides.

Départ du Landy à 1 heure du matin.

Température à terre : 0 et + 1.

Entre 800 et 1 000 mètres + 8 et + 12°.

Observations sur 100 météores.

Atterrissage à 7 h. 12 du matin, à Plessis-Sainte-Opportune près Beaumont (Eure), en vue d'un phare.

Durée du voyage : 6 h. 15.

Distance parcourue : 117 kilomètres.

16ᵉ ASCENSION

12 décembre 1899.

Le *Volga*, 1 000 mètres cubes.

Pilote : de La Vaulx.

Passager : M. Guffroy, néophyte.

Départ à midi 5 du Landy.

Atterrissage à Boubiers à 3 h. 35, près Liancourt-Saint-Pierre (Oise).

Expériences photographiques avec l'appareil panoramique de M. Cailletet.

Durée du voyage : 3 heures et demie.

Distance parcourue : 45 kilomètres.

Altitude maxima : 1 000 mètres.

17ᵉ ASCENSION

11 mars 1900.

L'*Orient,* 1 000 mètres cubes (baptême).

Pilotes : J. Faure, de Castillon.

Passagers : Mme J. Faure, de La Vaulx.

Départ du Landy à 11 heures du matin.

Descente à 3 h. 50 de l'après-midi, à Maignelay (Oise).

Distance parcourue : 100 kilomètres.

Durée du voyage : 4 h. 50.

18ᵉ ASCENSION

25 mars 1900.

L' *Aéro-Club* nᵒ 2, 1 550 mètres cubes.

Pilote : de La Vaulx.

Aide : M. Guffroy.

Départ du Landy à 12 h. 45 de la nuit.

Atterrissage le 25 mars à 2 h. 40 de l'après-midi, à Marçais, commune de Chappes, arrondissement de Montluçon.

Observations intéressantes sur la neige et sa formation.

Durée du voyage : 13 h. 55.

Distance parcourue : 291 kilomètres.

Altitude maxima : 5 000 mètres

19ᵉ ASCENSION

6 avril 1900

Le *Pégase*, 640 mètres cubes.

Pilote : de La Vaulx.

Aide : M. Guffroy.

Départ du Landy à 11 h. 35.

Descente à Lumigny (Seine-et-Marne) à 1 h. 52.

Distance parcourue : 48 kilomètres.

Durée du voyage : 2 h. 17.

Altitude maxima : 2 200 mètres

20ᵉ ASCENSION

10 avril 1900.

Le *Centaure*, 1 630 mètres cubes.

Pilote : de La Vaulx.

Aide : M. Guffroy.

Passagers : Comte de Puységur, E. Alamagny, néophytes.

Départ du Landy à 2 h. 35 de l'après-midi.

Escale à Beauregard (arrondissement de Provins) à 5 h. 40. M. de Puységur reste à terre.

Nouveau départ à 5 h. 47.

Descente définitive à 7 h. 15 du soir, à Villiers-Saint Georges (Seine-et-Marne).

Durée du voyage avec escales : 4 h. 40.

Distance parcourue : 82 kilomètres.

21ᵉ ASCENSION

24 avril 1900.

L'*Horizon*, 3 300 mètres cubes.

Pilotes : de La Vaulx, Mallet.

Passagers : Grimoin-Sanson et 4 aides, néophytes.

Expériences photographiques.

Essai d'un appareil panoramique pesant 500 kilo-

grammes et composé de dix cinématographes con-
jugués.

Départ des Tuileries à 5 h. 25.

Atterrissage à Arpajon (Seine-et-Oise) à 7 h. 05;
descente mouvementée.

Durée du voyage : 1 h. 40.

Distance parcourue : 32 kilomètres.

22ᶜ ASCENSION

29 avril 1900.

Le *Centaure*, 1 630 mètres cubes.

Pilote : de La Vaulx.

Aide : M. Guffroy.

Départ du Landy à 7 h. 28 du soir.

Descente à midi 7 minutes, forêt de Sichamp, commune de Baumont-la-Ferrière (Nièvre), à 28 kilomètres de Nevers, le 30 avril. Pendant la matinée
du 30, nous observons des courants ascension-
nels.

Durée du voyage : 16 h. 39.

Distance parcourue : 230 kilomètres.

Hauteur maxima : 2 150 mètres.

23ᶜ ASCENSION

5 *mai* 1900.

Le *Centaure*, 1.630 mètres cubes.

Pilotes : de Castillon, de La Vaulx.

Passagers : Baron de Heeckeren, une dame.

Départ du Landy à 8 h. 30 du soir.

Atterrissage le 6 mai à 7 h. 35 du matin, à Ame-
ville (arrondissement de Lisieux).

Durée du voyage : 11 h. 05.

Distance parcourue : 159 kilomètres.

24° ASCENSION

19 *mai* 1900.

L'*Aéro-Club* n° 2, 1 550 mètres cubes.

Pilote : de La Vaulx.

Passagers : Vallot, Giraud, néophytes.

Départ du Landy à 9 h. 15.

Descente à 3 h. 20 auprès de Melun (à l'entrée
de la ville).

Observations météorologiques pour les « Saints
de glace ».

Durée du voyage : 6 h. 05.

Distance parcourue : 48 kilomètres.

Altitude maxima : 2 500 mètres.

En dehors des observations météorologiques, nous avons fait des expériences de télégraphie sans fil.

Avec l'aide de M. Lecarme, nous avons installé un récepteur à bord de la nacelle de l'*Aéro-Club*. Le transmetteur était placé à l'usine à gaz du Landy (plaine St-Denis).

Nous reçûmes un télégramme du Landy au moment où nous passions au-dessus de l'Arc de triomphe à 800 mètres de hauteur.

Les antennes des deux postes étaient formées, pour le poste transmetteur d'un fil attaché à un ballonnet de 50 mètres cubes souvent couché par le vent et pour le poste récepteur d'un fil pendant librement à 5 mètres sous la nacelle.

Cette expérience concluante pour l'époque fit l'objet d'une communication à l'Académie des sciences.

25ᶜ ASCENSION

28 *mai* 1900.

Le *Centaure*, 1 630 mètres cubes.

Pilotes : de La Vaulx, de Castillon.

Aide : Guffroy.

Passager astronome : Mlle Klumpke.

Départ du Landy à 2 heures de l'après midi.

Descente à la Roche-sur-Yon, à 7 heures et demie du soir.

Observation de l'éclipse partielle du soleil.

Durée du voyage : 5 heures et demie.

Distance parcourue : 140 kilomètres.

Altitude maxima : 3 285 mètres.

Température minima : — 4°,5.

Température à terre : + 12°.

26ᵉ ASCENSION

17 juin 1900.

Le *Centaure*, 1 630 mètres cubes.

Pilote : de La Vaulx.

Aide : M. Guffroy.

Départ de Vincennes à 6 heures du soir.

Atterrissage le 18 juin à 1 h. 55 de la nuit, à Meung-sur-Beuvron (Loir-et-Cher).

Violent orage (tonnerre et éclairs) pendant l'ascension.

Durée du voyage : 7 h. 55.

Distance parcourue : 153 kilomètres.

27ᵉ ASCENSION

24 *juin* 1900.

L'*Aéro-Club*, 1 550 mètres cubes.

Pilote : de La Vaulx.

Aide : Joseph Vallot.

Départ de Vincennes à 5 h. 45 du soir.

Descente le 25 juin à 8 h. 45 du matin, au village d'Aschendorf, district de Emden (Hanovre).

Pluie et neige durant le voyage.

Observations météorologiques et expériences physiologiques de M. J. Vallot.

Durée du voyage : 15 h. 2.

Distance parcourue : 600 kilomètres.

Altitude maxima : 3848 mètres.

Température minima : — 5°,1.

28ᵉ ASCENSION

20 *juin* 1900.

Le *Centaure*.

Pilote : de La Vaulx.

Passager : S. A. R. don Jaime de Bourbon.

Départ du Landy à 11 h. 15 du soir.

Descente à Vrecourt près de Neufchâteau (Vosges), à 5 h. 49 du soir le 30 juin.

Durée du voyage : 18 h. 3.

Distance parcourue : 250 kilomètres.

29ᶜ ASCENSION

4 *juillet* 1900.

Le *Rêve*, 1 000 mètres cubes.

Pilote : de La Vaulx.

Passagers : Raymond Bégé, deux dames, néophytes.

Départ du Landy à 2 heures de l'après-midi.

Descente à 4 h. 30 de l'après-midi, près de la poudrière du Bouchez (ligne P.-L.-M.)

Durée du voyage : 2 h. 30.

Distance parcourue : 50 kilomètres.

30ᵉ ASCENSION

12 *juillet* 1900.

Le *Pégase,* 600 mètres cubes.

Pilote : de la Vaulx.

Passager : H. Deutsch de la Meurthe, néophyte.

Départ du Landy à 1 heure de l'après-midi.

Descente sur la berge de la Seine à Argenteuil à 4 h. 10.

Durée du voyage : 3 h. 10.

Distance parcourue : 7 kilomètres.

31ᶜ ASCENSION

15 *juillet* 1900.

Le *Centaure,* 1630 mètres cubes.

Pilote : de La Vaulx.

Aide : Vallot.

Passagers : Mᵐᵉ Vallot, Mˡˡᵉ Vallot, Jacques Liouville, néophytes.

Départ de Vincennes à 3 h. 43.

Atterrissage à Auvers, à 7 h. 45.

Concours de distance minima par rapport à la gare d'Auvers.

Le *Centaure* descend à 850 mètres de la gare et obtient le 2ᵉ prix.

Le 1ᵉʳ prix est obtenu par mon élève M. Guffroy qui descend à 400 mètres de la gare. Certains ballons tombent à 22 kilomètres du point fixé.

Durée du voyage : 4 h. 2.

Distance parcourue : 32 kilomètres.

Altitude maxima : 1 860 mètres.

Très intéressante étude des courants.

32ᶜ ASCENSION

22 *juillet* 1900.

L'*Aéro-club*, 1 550 mètres cubes.

Pilote : de La Vaulx.

Aide : S. A. R. don Jaime de Bourbon.

Passagers : S. A. I. l'Archiduc Léopold Salvator, le Cᵗᵉ de Coma, néophytes.

Départ de Vincennes à 3 h. 34.

Descente à Mormant (Seine-et-Marne), à 5 h. 50 du soir.

Concours de distance minima par rapport au clocher de Mormant.

L'*Aéro-Club*, descend à 1 100 mètres du clocher et remporte le 1ᵉʳ prix.

Certains ballons descendent encore à 22 kilomètres du point de départ.

Durée du voyage : 2 h. 16.

Distance parcourue : 41 kilomètres.

Altitude maxima : 2 050 mètres.

Nouvelle étude des courants très intéressante.

33ᵉ ASCENSION

29 *juillet* 1900.

Le *Centaure*, 1 630 mètres cubes.

Pilote : de La Vaulx.

Aide : un sapeur aérostier de Chalais.

Départ de Vincennes à 3 h. 20.

Descente à Champigneul (Marne), à 5 h. 25.

Durée du voyage : 2 h. 40.

Distance parcourue : 128 kilomètres.

Altitude maxima : 4 560 mètres.

Température minima : — 2°.

Température à terre + 23°.

34ᵉ ASCENSION

12 *août* 1900.

L'*Horizon*, 3 300 mètres cubes.

Pilote : de La Vaulx.

Aide : Turgan, de la Mazelière.

Passager : Oberkampf.

Départ de Vincennes à 3 h. 35 du soir.

Descente le 13 août à 5 heures du matin, à Cocpean, commune de la Turballe, canton de Guérande (Loire-Inférieure).

Course de distance.

Les trois ballons vainqueurs sont arrêtés par l'Océan.

Le 1er prix est décerné au *Centaure* piloté par de Castillon et tombé à Landevant arrondissement de Lorient (Morbihan) (432 kilomètres).

Le 2e prix est décerné à l'*Horizon* (405 kilomètres).

Le 3e prix est décerné à l'*Aéro-Club* piloté par M. Jacques Faure (378 kilomètres).

Durée du voyage : 13 h. 25.

Distance parcourue : 405 kilomètres.

Hauteur maxima : 1 850 mètres.

35e ASCENSION

19 *août* 1900.

Le *Centaure*, 1 630 mètres cubes.

Pilote : de La Vaulx.

Aide : Maison.

Passager : le sénateur Cicéron, néophyte.

Départ de Vincennes à 2 h. 50 de l'après-midi.

Escale à Mortefontaine à 4 h. 45.

Nouveau départ à 5 h. 15.

Atterrissage : 6 h. 7, à Senlis.

Concours de distance minima par rapport à un point fixé à l'avance avec escale intermédiaire.

22 concurrents.

Le 1ᵉʳ prix est décerné à l'*Orient* piloté par M. Faure.

Le 2ᵉ prix est décerné à M. E. Godard.

Le 3ᵉ prix est décerné au *Centaure* piloté par de La Vaulx.

Durée du voyage avec escales : 3 h. 17.

Durée du voyage sans escales : 2 h. 47.

Distance parcourue : 44 kilomètres.

Des aérostats se sont éloignés de 56 kilomètres des points fixés.

36ᵉ ASCENSION

26 *août* 1900.

L'*Horizon,* 3300 mètres cubes.

Pilote : de La Vaulx.

Aides : Turgan, Maison.

Passagers : Lepic, Oudet, néophytes.

Départ de Vincennes à 7 h. 15 du soir.

Descente à Graces près Guingamp, le 27 août à 2 heures de la nuit.

Ascension en pleine tempête, promenade pendant 2 heures et demie au-dessus de la mer en furie.

Concours de durée.

1ᵉʳ prix à M. Juchmès dans le *Touring-Club* 11 h. 52.

2ᵉ prix à M. de La Vaulx dans l'*Horizon*, 6 h. 45.

Durée du voyage : 6 h. 45.

Distance parcourue : 420 kilomètres.

Altitude maxima : 1 260 mètres.

Vitesse à l'heure : 62 kilomètres.

37ᵉ ASCENSION

9 septembre 1900.

Le *Centaure*, 1 630 mètres cubes.

Pilote : de La Vaulx.

Aide : Du Bourg, lieutenant de vaisseau, néophyte.

Départ de Vincennes à 3 h. 31 de l'après-midi.

Magnifique promenade à travers les Alpes depuis Bellegarde jusqu'à Sassenage (Isère).

Atterrissage mouvementé.

Concours de distance.

Le *Centaure* obtient le 1ᵉʳ prix.

Durée du voyage : 22 h. 29.

Distance parcourue : 473 kilomètres.

Altitude maxima : 4 070 mètres.

38e ASCENSION

16 septembre 1900.

L'*Aéro-Club* n° 2, 1 550 mètres cubes.

Pilote : de La Vaulx.

Départ de Vincennes à 7 h. 45 du soir.

Descente le 17 septembre, à Poederlé près Herenthals, Belgique à 1 h. 35 de l'après-midi.

Curieux effet de mirage provoqué par la fatigue en fin d'ascension ; descendu à cause de la vision de la mer avec 200 kilogrammes de lest.

Concours de durée.

1er prix au *Saint-Louis* monté par M. Balsan 35 h. 9.

2e prix *ex æquo* : de La Vaulx, 17 h. 50 ; Maison, 17 h. 49 ; Hervieu 17 h. 51 ; de Castillon 18 heures.

Durée du voyage : 17 h. 50.

Distance parcourue : 310 kilomètres.

39e ASCENSION

23 septembre 1900.

L'*Horizon*, 3 300 mètres cubes.

Pilote : de La Vaulx.

Départ de Vincennes à 2 h. 31 de l'après-midi.

Descente à Romigny (Marne), à 6 h. 15.

Concours d'altitude.

1er prix : M. J. Balsan 8 417 mètres.

2e prix : M. Juchmès 6 867 mètres.

3e prix : de La Vaulx 6 820 mètres.

Durée du voyage : 3 h. 44.

Distance parcourue : 107 kilomètres.

Altitude maxima : 6 820 mètres.

Température minima : — 12°.

Température maxima à terre : + 21°.

40e ASCENSION

30 septembre 1900.

Le *Centaure*, 1 630 mètres cubes.

Pilote : de La Vaulx.

Départ de Vincennes à 4 h. 44 de l'après-midi.

Atterrissage à Bresc-Koujaski au sud de Wlocla-neck, g^t de Varsovie, le 1er octobre à 2 h. 18 de l'après-midi.

Concours de distance.

Pour la première fois un ballon parti de Paris pénètre en Russie.

Durée du voyage : 21 h. 34.

Distance parcourue : 1 237 kilomètres.

Altitude maxima : 4 500 mètres.

Le *Centaure* gagne le 1ᵉʳ prix et en outre le jury de l'exposition fait frapper une médaille d'or pour commémorer la première descente d'un ballon français en Russie.

41ᵉ ASCENSION

9 *octobre* 1900.

Le *Centaure*, 1 630 mètres cubes.

Pilote : de La Vaulx.

Aide : de Castillon.

Départ de Vincennes à 5 h. 20 du soir.

Descente le 11 octobre à 5 h. 5 du matin, à Korostichew, gᵗ de Kiew (Russie).

Concours de distance et de durée. Le 1ᵉʳ prix est décerné au *Centaure* gonflé pour la circonstance au 3/4 d'hydrogène.

Durée du voyage : 35 h. 45.

Distance parcourue : 1 925 kilomètres.

Altitude maxima : 5 750 mètres.

Vitesse moyenne à l'heure : 54 kilomètres.

Ce voyage constitue le record mondial de l'aérostation au point de vue de la durée et au point de vue de la distance parcourue.

42ᶜ ASCENSION

8 novembre 1900.

L'*Aéro-Club* n° 2, 1 550 mètres cubes.

Pilote : de La Vaulx.

Passager : M. Vallot.

Départ du Landy à 9 heures du matin.

Atterrissage à 4 heures de l'après-midi près de Bruxelles.

Observations météorologiques internationales.

Durée du voyage : 7 heures.

Distance parcourue : 260 kilomètres.

43ᶜ ASCENSION

21 avril 1901.

Le *Rêve*, 1 000 mètres cubes.

Pilote : de La Vaulx.

Passagers : M. Legrand, M. Guillemain, néophyte.

Départ du Landy à 6 h. 30 du soir.

Atterrissage à Fleury-sur-Andelle (Eure) à 8 heures du soir.

Durée du voyage : 1 h. 35.

Distance parcourue : 90 kilomètres.

Vitesse à l'heure : 57 kilomètres.

44° ASCENSION

15 *mai* 1901.

L'*Aéro-Club n°* 2, 1 550 mètres cubes.

Pilote : de La Vaulx.

Passagers : MM. Finot, Plassard, Zens ; tous néophytes.

Départ du Landy à 6 h. 45 du soir.

Atterrissage à Manchainville, commune de Santeuil (Eure-et-Loir), à 8 heures du soir : vent violent.

Première ascension organisée par l'Aéro-club en faveur de ses membres.

Durée du voyage : 1 h. 15.

Distance parcourue : 75 kilomètres.

Vitesse à l'heure 60 kilomètres.

45° ASCENSION

4 *mai* 1901.

Le *Rêve*, 1 000 mètres cubes.

Pilote : de La Vaulx.

Passagers : M. et Mme Dugué de la Fauconnerie.

Départ du Landy à 5 h. 20 de l'après-midi.

Atterrissage à 8 h. 10 du soir, à l'angle de la rue

de Tolbiac et du Moulin des Prés (impasse Simon) 13e arrondissement, Paris.

Cet endroit, vulgairement appelé la « Butte aux Cailles », est célèbre par l'atterrissage de la première montgolfière montée par Pilate de Roziers et le marquis d'Arlandes.

Vent nul.

Suites de l'atterrissage très mouvementées en raison d'une affluence trop grande de population.

Durée du voyage : 2 h. 50.

Distance parcourue : 11 kilomètres.

Vitesse à l'heure : 4 kilomètres.

46e ASCENSION

16 juin 1901.

L'*Aéro-Club* n° 3, 1 200 mètres cubes.

Pilote : de La Vaulx.

Passagers : M. Henry Deutsch de la Meurthe, le chevalier d'Ofenheimer, néophyte.

Départ du parc de Saint-Cloud à 5 h. 45 du soir.

Descente à Champeaux (Seine-et-Marne), à 7 h. 30 du soir.

Durée du voyage : 1 h. 45.

Distance parcourue : 50 kilomètres.

47ᵉ ASCENSION

30 *juin* 1901.

Le *Réve*, 1 000 mètres cubes.

Pilote : de La Vaulx.

Passager cycliste : Maurice Herbster.

Départ des Tuileries à 4 h. 30 de l'après-midi.

Descente à Estrées Saint-Denis (Oise), à 6 h. 30 du soir.

Expériences d'aérostation militaire à l'occasion de la « Fête des Unions régimentaires de France ».

Durée du voyage : 2 heures.

Distance parcourue : 66 kilomètres.

Même programme que le 9 juillet 1899.

Le *Réve* monte à travers les nuages ; il peut ainsi se cacher à ses poursuivants et descendre après 2 heures de séjour dans la brume à 66 kilomètres de Paris hors d'atteinte de l'ennemi.

48ᵉ ASCENSION

8 *juillet* 1901.

L'*Aéro-Club* nᵒ 3, 1 200 mètres cubes.

Pilote : de La Vaulx.

Passagers : E. Begé, néophyte, Cᵗᵉ de Puységur, Georges Oudet.

Départ du Landy à 4 heures du soir.

Atterrissage à Nanterre (Seine), à 7 h. 30.

Durée du voyage : 3 h. 30.

Distance parcourue : 13 kilomètres.

Vitesse à l'heure : 3 kilom. 600.

Observations à terre : courant faible N.-O.

A 1 000 mètres : immobilité complète.

A 1 500 mètres : courant sud-est reportant au point de départ.

49ᶜ ASCENSION

12 *octobre* 1901.

Le *Méditerranéen*, 3 100 mètres cubes.

Chef d'expédition : de La Vaulx.

Aéronaute : de Castillon.

Ingénieur de l'expédition : Henri Hervé.

Officier de marine de bord : Henri Tapissier.

Départ des Sablettes (près Toulon) à 11 h. 10, de la nuit.

Atterrissage sur le *Du Chayla* croiseur de l'État Français, en mer, en vue de Port-Vendres, le 14 octobre à 4 h. 15 de l'après-midi.

Expérience d'équilibre et de dirigeabilité d'un ballon maritime.

Durée du voyage : 41 h. 5, record du monde.

Distance parcourue : 250 kilomètres.
Altitude maxima : 5 mètres.

50ᵉ ASCENSION

26 octobre 1901

L'*Aéro-Club* n° 3, 1 200 mètres cubes.
Pilote : de La Vaulx.
Passagers : MM. Mercier, Plassard.
Départ du Landy à 10 h. 50 du matin.
Atterrissage à Jones (Loir-et-Cher), à 5 heures du soir.
Durée du voyage : 6 h. 10.
Distance parcourue : 140 kilomètres :

51ᵉ ASCENSION

21 novembre 1901.

Le *Centaure,* 1 630 mètres cubes.
Pilote : de La Vaulx.
Passagers : Dʳ Raymond et Dʳ Portier, néophytes.
Départ des Tuileries à 1 h. 5.
Atterrissage à Aulnay (Aube), à 3 h. 40 du soir.
Expériences physiologiques sur des lapins et des cobayes.

Durée du voyage : 2 h. 35.

Distance parcouruc : 160 kilomètres.

Altitude maxima : 3 600 mètres.

52ᶜ ASCENSION

22 novembre 1901.

L'*Aéro-Club* n° 3, 1 200 mètres cubes.

Pilote : de La Vaulx.

Passagers : Turgan, Monnier.

Départ du Landy à 7 heures du soir.

Atterrissage à Châteaumeillant (Cher), le 23 novembre à 7 h. 10 du matin.

Pluie et brumes pendant toute l'ascension.

Durée du voyage : 12 h. 10.

Distance parcourue : 260 kilomètres.

53ᵉ ASCENSION

19 décembre 1901.

L'*Aéro-Club* n° 3, 1 200 mètres cubes.

Pilote : de La Vaulx.

Passagers : M. Butler, Mˡˡᵉ Butler, M. Rolls, membres de l'Aéro-Club d'Angleterre.

Départ à 11 h. 50 du matin du Landy.

Descente à 3 h. 12 du soir, à Bullion (Seine-et-Oise).

Neige légère pendant l'ascension.

Durée du voyage : 3 h. 22.

Distance parcourue : 42 kilomètres.

54ᵉ ASCENSION

14 *avril* 1902.

L'*Aéro-Club* nº 4, 500 mètres cubes (baptême).

Pilote : de La Vaulx.

Passager : une dame, néophyte.

Départ de l'usine à gaz de Rueil à 4 h. 45.

Atterrissage à 6 heures, à la corde à Bu (canton d'Anet, à trois lieues de Dreux).

Fort vent au départ.

Durée du voyage : 1 h. 15.

Distance parcourue : 52 kilomètres.

Hauteur maxima : 700 mètres.

55ᵉ ASCENSION

5 *mai* 1902.

L'*Orient*, 1 000 mètres cubes.

Pilote : de La Vaulx.

Passagers : comte Armand de Gontaut-Biron, Peccate secrétaire de l'Aéro-Club, néophytes.

Départ du parc de l'Aéro-Club à 4 h. 15.

Atterrissage à Reau près Lieusaint, à 6 heures (Seine-et-Marne).

Durée du voyage : 1 h. 45.

Distance parcourue : 40 kilomètres.

Hauteur maxima : 1 350 mètres.

56ᵉ ASCENSION
10 *mai* 1902.

L'*Aéro-Club* *n° 3*, 1 200 mètres cubes.

Pilote : de La Vaulx.

Passagers : vicomte de Seyssel, M. Broët, comte A. de Pracomtal ; tous néophytes.

Départ du parc de l'Aéro-Club à 5 h. 15 du soir.

Atterrissage à Saint-Chéron près Dourdan (Seine-et-Oise), à 6 heures.

Durée du voyage : 45 minutes.

Distance parcourue : 33 kilomètres.

Altitude : 980 mètres.

57ᵉ ASCENSION
14 *mai* 1902.

Le *Centaure*, 1 630 mètres cubes.

Pilote : de La Vaulx.

Passagers : Mme Massieu, R. Legay, L. Olivier ; tous néophytes.

1re ascension organisée par la *Revue générale des sciences.*

Départ du parc de l'Aéro-Club à 11 h. 40 du matin.

Descente à Ferroles, 4 kilomètres de Brie-Comte-Robert (Seine-et-Marne), à 2 h. 20.

Durée du voyage : 2 h. 40.

Distance parcourue : 32 kilomètres.

Altitude maxima : 3980 mètres.

Traversé Paris de Longchamp à Vincennes par Vaugirard et Grenelle.

Violente condensation produite au-dessus de Vaugirard par des nuages de neige.

Nous rencontrons des flocons de neige à partir de 950 mètres.

58e ASCENSION

28 *mai* 1902.

Le *Centaure*, 1630 mètres.

Pilote : de La Vaulx.

Passagers : Louis Olivier, Frantz Reichel, X... ; néophyte.

Ascension de la *Revue générale des sciences.*

Départ du parc de l'Aéro-Club à 11 h. 25.

Descente à Pierrefonds, à 2 h. 20 de l'après-midi.

Durée du voyage : 2 h. 55.

Distance parcourue : 82 kilomètres.

Altitude maxima : 2 800 mètres.

59° ASCENSION

2 *juin* 1902.

L'*Aéro-Club* n° 3, 1 200 mètres cubes.

Pilote : de La Vaulx.

Passagers : M. Broët, M. Peccatte.

Départ du parc de l'Aéro-Club à 10 heures et demie du soir.

Descente à Saint-Victor-sur-Avre, canton de Verneuil (Eure), à 1 heure du matin le 3 juin.

Durée du voyage : 2 heures et demie.

Distance parcourue : 103 kilomètres.

Altitude maxima : 500 mètres.

Pluie et orage ; descente à cause de l'orage et de la mauvaise direction vers la mer ; nuit obscure.

60° ASCENSION

19 *juin* 1902.

L'*Aéro-Club* n° 3, 1 200 mètres cubes.

Pilote : de La Vaulx.

Passagers : MM. Broët, James Hennessy, néophyte.

Départ du parc de l'Aéro-Club à 9 heures du soir.

Descente à Aixier près Quillebœuf, en vue du pharc de Honfleur, à 2 heures du matin le 20 juin.

Durée du voyage : 5 heures.

Distance parcourue : 134 kilomètres.

Altitude maxima : 650 mètres.

Très belle nuit étoilée et splendide clair de lune.

61ᶜ ASCENSION

23 *juin* 1902.

L'*Aéro-Club* nº 3, 1 200 mètres cubes.

Pilote : de La Vaulx.

Passagers : M. Broët, vicomte de Seyssel.

Départ du parc de l'Aéro-Club à 10 h. 15 du soir.

Descente à Boisseau près Blois (Loir-et-Cher), à 4 heures du matin le 24 juin.

Durée du voyage : 5 h. 45.

Distance parcourue : 138 kilomètres.

Altitude maxima : 375 mètres.

Très belle nuit : marche au guide-rope pendant toute la traversée de la Beauce; traversé aussi la forêt de Marchenoir au guide-rope.

62ᵉ ASCENSION
1ᵉʳ *juillet* 1902.

Le *Rêve*, 1 000 mètres cubes.

Pilote : de La Vaulx.

Passager : M. Broët.

Départ à 7 heures du soir du parc de l'Aéro-Club.

Descente à 9 heures, à Lumigny (Seine-et-Marne), au bout de la forêt de Crécy.

Durée du voyage : 2 heures.

Altitude maxima : 2100 mètres.

Distance parcourue : 56 kilomètres.

Passé sur la partie sud de Paris, traversé le bois de Vincennes, la boucle de la Marne. Passé la forêt de Crécy au guide-rope et descendu en lisière de forêt.

Magnifique coucher de soleil à 2 000 mètres d'altitude avec embrasement des nuées inférieures par les derniers rayons solaires.

Descendu à 500 mètres de distance d'un point où je suis descendu le 6 avril 1900; les deux fois l'atterrissage a lieu sur les terres du marquis de Mun.

63ᵉ ASCENSION
7 *juillet* 1901.

Le *Rêve*, 1 000 mètres cubes.

Pilote : de La Vaulx.

Passagers : comte de Grancey, prince de Croy, néophytes.

Départ à 5 heures du soir du parc de l'Aéro-Club.

Descente à Courcouronnes, près de Ris-Orangis (Seine-et-Marne), à 7 heures du soir.

Durée du voyage : 2 heures.

Altitude maxima : 950 mètres.

Distance parcourue : 28 kilomètres.

Descente à 28 kilomètres de Paris dans une contrée où, au premier abord, nous ne pouvons nous faire comprendre; autour de nous on ne parle que flamand; ce sont des hommes embauchés pour la moisson et qui viennent de Belgique; ils nous aident à replier notre ballon.

Il n'y a donc plus de moissonneurs français en France.

Autre particularité de Ris-Orangis : le maire de cette localité a voulu prendre un arrêté pour interdire aux ballons d'atterrir sur sa commune; c'est heureusement un des rares spécimens de maires aérophobes que nous ayons en France.

64ᶜ ASCENSION

9 *juillet* 1902.

L'*Eros*, 2000 mètres cubes.

Pilote : de La Vaulx.

Passagers : M. Olivier, Docteur Meig ; Mme Meig, M. X..., néophytes.

Ascension de la *Revue générale des sciences*.

Départ du parc de l'Aéro-Club à 11 h. 45 du matin.

Atterrissage à 6 h. 15 de l'après-midi, à Issoncourt, canton de Triaucourt, arrondissement de Bar-le-Duc (Meuse).

Durée du voyage : 6 heures et demie.

Altitude maxima : 3000 mètres.

Distance parcourue : 225 kilomètres.

65ᵉ ASCENSION

13 *juillet* 1902.

L'*Aéro-Club* n° 3, 1200 mètres cubes.

Pilote : de La Vaulx.

Passagers : M. Tournouer, Mme X, néophytes.

Départ du parc de l'Aéro-Club à 9 h. 05 du soir.

Descente à St-Pierre-en-Port sur les bords de la Manche le 14 juillet, à 4 h. 50 du matin, entre Fécamp et St-Valery-en-Caux (Seine-Inférieure).

Durée du voyage : 7 h. 45.

Altitude maxima : 500 mètres.

Distance parcourue : 166 kilomètres.

66ᵉ ASCENSION

15 juillet 1902.

L'*Aéro-Club* n° 3, 1 200 mètres cubes.

Pilote : de La Vaulx.

Passagers : M. Broët, comte de Morny.

Départ du parc de l'Aéro-Club à 10 h. 15 du soir.

Descente à Irais, canton de Airvault, arrondisse-ment de Parthenay (Deux-Sèvres), à 9 h. 15 du matin, le 16 juillet.

Durée du voyage : 11 heures.

Altitude maxima : 2 300 mètres.

Distance parcourue : 310 kilomètres.

Temps orageux; l'orage heureusement éclate en avant de nous.

Passé par Jouy-en-Josas, Châteaudun, Vendôme, Tours que nous traversons à 5 heures et demie du matin à 200 mètres de hauteur au grand étonnement des troupes de cavalerie qui font l'exercice sur le terrain de manœuvre.

67ᵉ ASCENSION

30 juillet 1902.

L'*Eros*, 2000 mètres cubes.

Pilote : de La Vaulx.

Passagers : Docteur Raymond, Docteur Tripet, néophyte.

Départ du parc de l'Aéro-Club à 10 h. 15 du matin.

Descente à Verdelot, près Viels-Maisons (Aisne), à 3 heures de l'après-midi.

Durée du voyage : 4 h. 45.

Altitude maxima : 5 010 mètres.

Distance parcourue : 90 kilomètres.

Expériences physiologiques ayant pour objet d'étudier les variations d'activité de la réduction de l'oxyhémoglobine, c'est-à-dire des échanges respiratoires entre le sang et les tissus.

Photographies de la lumière solaire prises avec l'actinoscope Chardonnet.

68ᵉ ASCENSION

25 juillet 1902.

L'*Eros*, 2 000 mètres cubes.

Pilote : de La Vaulx.

Passagers : M. Olivier, J. Javal, Mme Thion de la Chaume, Mlle Prunnot, néophytes.

Ascension de la *Revue générale des sciences*.

Départ du parc de l'Aéro-Club à 11 h. 50 du matin.

Descente à Trosly-Loir, près de Coucy-le-Château (Aisne), à 4 h. 50 de l'après-midi.

Durée du voyage : 5 heures.

Altitude maxima : 3 500 mètres.

Distance parcourue : 115 kilomètres.

Très beaux panoramas de nuages.

69ᶜ ASCENSION

3 *août* 1902.

L'*Aéro-Club* n° 2, 1 550 mètres cubes.

Pilote : de La Vaulx.

Passager : Henri Mettmann.

Départ du parc de l'Aéro-Club à 9 heures du soir.

Descente le 4 août, à Lauzingen, à 60 kilomètres à l'est de Francfort-sur-le-Mein, arrondissement de Cassel, province de Hesse, à 3 heures et demie de l'après-midi.

Durée du voyage : 18 heures et demie.

Altitude maxima : 6 300 mètres.

Distance parcourue : 575 kilomètres.

A 5 heures du matin le 4 août l'*Aéro-Club* planait encore en Seine-et-Marne sur la limite du département de la Marne.

Trouvé un courant rapide entre 4 et 6000 mètres : rencontré la neige en cristaux à 4000 avec un ciel bleu presque découvert au-dessus du ballon.

70ᵉ ASCENSION

14 août 1902.

L'*Aéro-Club* n° 3, 1 200 mètres cubes.

Pilote : de La Vaulx

Passagers : M. Broët, M. Tatin.

Départ du parc de l'Aéro-Club à 4 h. 10 de l'après-midi.

Descente par l'orage et la pluie torrentielle dans le bois Notre-Dame près de Pontault (Seine-et-Marne), à 5 h. 50.

Durée du voyage : 1 h. 40.

Altitude maxima : 2 200 mètres.

Distance parcourue : 30 kilomètres.

71ᵉ ASCENSION

15 août 1902.

L'*Aéro-Club* n° 2, 1 550 mètres cubes.

Pilote : de La Vaulx.

Passagers : comte Economos, P. Bonnard, néophyte.

Départ du parc de l'Aéro-Club à 8 heures du soir.

Descente à Ste-Opportune (Eure) en vue des phares de Honfleur et de la Hève, à 2 h. 45 du matin, le 16 août.

Durée du voyage : 6 h. 45.

Altitude maxima : 600 mètres.

Distance parcourue : 137 kilomètres.

Le ballon s'est maintenu pendant la plus grande partie du voyage à 100 mètres de hauteur au guide-rope.

72ᵉ ASCENSION

22 *août* 1902.

L'*Éros*, 2 000 mètres cubes.

Pilote : de La Vaulx.

Passagers : M. Broët, H. Metmann, de Clinchamp, néophyte.

Départ du parc de l'Aéro-Club à 10 h. 5 du soir.

Descente le 23 août, à 1 heure de l'après-midi, à Nevelé (arrondissement de Gand, Belgique).

Durée du voyage : 14 h. 55.

Altitude maxima : 4 700 mètres.

Distance parcourue : 290 kilomètres.

73ᵉ ASCENSION

22 *septembre* 1902.

Le *Méditerranéen II*, 3 400 mètres cubes.

Chef d'expédition : de La Vaulx.

Ingénieur : M. Hervé.

Aéronaute : de Castillon.

Enseigne de vaisseau : Laignier, néophyte.

Ingénieur mécanicien : Duhanot, néophyte.

Départ de Palavas le 22 septembre 1902 à 3 h. 45 du matin.

Descente à Capite, entre Agde et Cette (Hérault), à 3 h. 45 de l'après-midi, le 23 septembre.

Durée du voyage : 36 heures.

Altitude maxima : 150 mètres.

Expérience de remorquage, d'équilibre et de déviation d'un ballon maritime.

74° ASCENSION
20 *octobre* 1902.

L'Aéro-Club n° 3, 1 200 mètres cubes.

Pilote : de La Vaulx.

Passagers : M. Broët, baron F. Nivière, néophyte.

Départ du parc de l'Aéro-Club à 3 heures de l'après-midi.

Descente à Nouvion, près de Laon, à 5 heures.

Distance parcourue : 132 kilomètres.

Durée : 2 heures.

Altitude maxima : 1 000 mètres.

Vitesse à l'heure : 66 kilomètres.

Nuages épais à partir de 200 mètres du sol; nous

passons le voyage entier dans les nuages. Vent viollent, atterrissage à la corde de déchirure.

75ᵉ ASCENSION

27 *octobre* 1902.

L'*Aéro-Club* n° 2, 1 550 mètres cubes.

Pilote : de La Vaulx.

Aide-pilote : M. Broët.

Départ du parc de l'Aéro-Club à 10 h. 37 du soir.

Descente le mardi 28 octobre, à 12 h. 55 de l'après-midi, à La Besse, commune de Mauriac (Cantal).

Distance parcourue : 405 kilomètres.

Durée : 14 h. 18.

Altitude maxima : 3 400 mètres.

Guide-ropé dans le département du Puy-de-Dôme à 800 mètres d'altitude ; passé à travers les nuages au-dessus du Puy-de-Sancy, très beau soleil, mer de nuages splendide et ininterrompue à 2 500 mètres.

Atterri à 650 mètres d'altitude.

76ᵉ ASCENSION

30 *octobre* 1902.

L'*Aéro-Club* n° 2, 1 550 mètres.

Pilote : de La Vaulx.

Passagers : S. A. R. don Jaime de Bourbon, comte de Kergariou, comte Quiroya, néophyte.

Départ du parc de l'Aéro-Club à 10 heures du soir.

Descente le 31 octobre, à 7 h. 15 du matin, à Jérusalem (canton de Saint-Amand, arrondissement de Cosne, Nièvre).

Distance parcourue : 166 kilomètres.

Durée : 9 h. 05.

Altitude maxima : 1 200 mètres.

Voyage accompli au milieu de la pluie et d'un brouillard intense.

77ᶜ ASCENSION

4 novembre 1902.

L'*Aéro-Club* nᵒ 2, 1 550 mètres cubes.

Pilote : de La Vaulx ;

Passagers : comte de Kergariou, L. Lambert, néophyte.

Départ de l'Aéro-Club à 10 h. 30 du soir.

Descente à 7 heures du matin, le 5 novembre, à Perrier, canton de Fleury-sur-Andelle, arrondissement des Andelys (Eure).

Durée du voyage : 8 h. 30.

Distance parcourue : 86 kilomètres.

Altitude maxima : 300 mètres.

Arrêté par le guide-rope pris dans un pommier au milieu de la vallée de l'Andelle à Perrier. Après avoir appelé une heure durant, des gens se décident à se lever et à répondre à notre voix; ils décrochent le guide-rope et nous portent dans une belle prairie où nous dégonflons le ballon. Nous avons préféré terminer ici notre voyage, le vent assez rapide nous portant vers la mer et la nuit étant très noire.

78ᶜ ASCENSION

14 novembre 1902.

L'*Eros*, 2 000 mètres cubes.

Pilote : de La Vaulx.

Passagers : L. Olivier ; M. Charry ; Mˡˡᵉ Charry ; M. X, néophytes.

Ascension de la *Revue générale des sciences*.

Départ du parc de l'Aéro-Club à 11 heures du matin.

Descente à Nogent-le-Rotrou (Eure-et-Loir) à 4 heures du soir.

Durée du voyage : 5 heures.

Distance parcourue : 118 kilomètres.

Altitude maxima : 1 500 mètres.

79ᵉ ASCENSION

14 *mars* 1903.

Le *Djinn*, 1 500 mètres cubes (son baptême), ballon en soie française muni d'un ballonnet.

Pilote : de La Vaulx.

Aide pilote : Broët.

Départ du parc de l'Aéro-Club à 11 h. 45 du matin.

Descente à Aertricke près de Bruges. en vue de la mer, le 15 mars 1903, à 3 h. 30 de l'après-midi.

Durée du voyage : 27 h. 45.

Altitude maxima : 1 600 mètres.

Distance parcourue : 260 kilomètres.

Fait une escale de une heure à Arronville Seine-et-Oise et fait monter dans le ballon rendu captif au moyen du guide-rope 80 villageois et villageoises à 50 mètres de hauteur.

Parfait fonctionnement du ballonnet qui nous a permis un équilibre merveilleux.

Depuis une heure de la nuit jusqu'à onze heures du matin, soit 10 heures, nous n'avons pas eu à jeter un gramme de l'est, étant en équilibre indépendant.

80ᵉ ASCENSION

22 *mars* 1903.

L'*Aéro-Club* n° *3*, 1 200 mètres cubes.

Pilote : de La Vaulx.

Aide-pilote : Broët.

Départ du parc de l'Aéro-Club à 11 h. 15 du matin.

Descente à Lambussart près de Fleurus province du Hainaut (Belgique) à 5 h. 15 de l'après-midi.

Durée du voyage : 6 heures.

Altitude maxima : 2 100 mètres.

Distance parcourue : 263 kilomètres.

RÉSUMÉ GLOBAL DE MES ASCENSIONS

Mètres cubes de gaz employé : 121 670.

Kilomètres parcourus : 16 231.

Heures passées dans les airs : 706 h. 43 m. ; soit 29 jours 1 h. 43 m.

Passagers enlevés : 253.

Néophytes : 78.

Dames : 18.

TABLE DES MATIÈRES

ÉVREUX, IMPRIMERIE DE CHARLES HÉRISSEY